나 몇 살이라 해야 하지?

현대수필가100인선 II · 61

나 몇 살이라 해야 하지?

하재열 수필선

수필과비평사 · 좋은수필사

■ 책머리에

    수필은 누구나 부담 없이 읽고, 마음만 먹으면 직접 쓸 수도 있는 가장 친근한 문학이다. 다른 영역의 문학이 영상매체에 밀려 신음하고 있는 중에도 수필 인구만은 날로 증가하여 바야흐로 수필 전성시대를 구가하고 있는 이유도 거기에 있을 것이다.
    시대적 추세에 힘입어 수많은 수필전문지, 수필동인지가 창간되고, 이에 비례하여 신진 수필가도 날로 늘어나다 보니 이제는 그 많은 작가, 그 많은 작품 중에서 문학성 높은 작품을 가려 읽는 일이 쉽지 않게 되었다. 이런 현상은 작가에게나 독자에게나 결코 바람직한 일이 아니다. 더 나아가서는 수필을 연구하는 후세들에게도 큰 부담이 될 것이다.
    이런 문제를 해결하는 데는 출판인도 마땅히 한몫을 감당해야 한다는 평소의 소신에 따라, 본사가 기꺼이 그 역할을 맡기로 했다. 그 첫 번째 사업으로 시대를 대표할 만한 수필가 100인을 선정하고, 작가가 자선한 40편 내외의 작품을 수록한 문고본을 발간하여 이를 널리 보급함으로써 그 소임을 다하고자 한다.
    본사는 사명감을 가지고 이 사업을 추진해 나가기로 했다. 작가 선정을 전담할 편집위원회를 구성하고 전권을 위임하여 일체의 사적인 정실이나 청탁을 배제함으로써 전문성과 공정성을 확보해 나갈 것이다.
    따라서 이 기획물 속에는 작가의 문학정신뿐만 아니라, 본사의 문학사적 기여 의지와 편집위원 제위의 수필문학에 대한 애정과 문인으로서의 양심이 함께 담겨 있음을 자부한다. 다만, 작가를 선정하는 기준에는 많은 견해의 차이가 있을 수 있고, 선정 과정에서도 미처 챙기지 못한 부분이 있을 것이라는 사실만은 인정하지 않을 수 없다. 이 점에 대해서는 관계자 여러분의 양해 있으시기 바란다.

  이 시리즈의 발간 순서는 작가, 또는 본사의 사정에 의한 것일 뿐 그 밖의 어떤 기준도 적용하지 않았음을 밝힌다.

  본 기획물이 시대를 초월한 많은 수필 애호가들의 관심과 애정 속에 우리나라 수필문학 발전에 한 이정표가 되기를 바랄 뿐이다.

  본사에서는 이상과 같은 취지로 ≪현대수필가 100인선≫ 전 100권을 완간하여 큰 반향을 불러일으킨 바 있다.

  그러나 우리 수필문단의 규모나 수필문학의 수준에 비추어 선정 작가를 100인으로 한정하는 것은 형평성이나 효율성 면에서 크게 부족하다는 의견이 많았고, 본사 또한 이를 통감하던 터라 기꺼이 ≪현대수필가 100인선Ⅱ≫를 발간하기로 했다.

  본사의 충정에 찬동하여 출판에 응해주신 저자 여러분에게 진심으로 감사한다.

2014년 9월   일

수필과비평사 · 좋은수필사 발행인 서 정 환
현대수필가 100인선 간행 편집위원 박 재 식 최 병 호
정 진 권 강 호 형
오 세 윤

| 차례 |

1_부

봄 까치는 오는가 • 12
대게의 노래 • 18
그리 사는 것이네 • 23
늙은 로맨스 • 26
그림 밭 • 30
나는 어차피 각설이다 • 35
거꾸로 도는 건 누구일까? • 41
마한의 섬 • 45
세종대왕님 가라사대 • 50
이십 년 • 58

2_부

| 목련은 달을 이고 • 68
| 봄꽃 하나 붙들려 했는데 • 72
| 가을 장미 • 76
| 길 묻는 일 • 79
| 손자 생각, 할배 생각 • 84
| 금강산 처녀 • 92
| 군에 갔다 온 남자에게 • 97
| 사야가沙也可의 노래 • 103
| 견공의 생각 • 110
| 휴전선의 봄, 그 고무줄놀이 • 114

3_부

사랑메기 • 122
잉여 욕심 • 127
할머니의 물 한 잔 • 132
아버지의 물건 • 137
밥그릇 춤 • 144
산성의 봄 • 149
어디서 본 사람 같은데요 • 154
동성로東城路 축제 • 160
중국말 중국 처녀 • 166

4_부

새재엔 비가 내리고 • 174
다시 불일암으로 • 179
어머니 이삿짐 • 183
나 몇 살이라 해야 하지? • 188
풀빵 오찬 • 194
그래도 에는 땅이라니 • 199
허 생원의 웃음 • 206
효자라고, 내가? • 211
숨어버린 별빛 • 215

■ 작가 연보 • 219

봄 까치는 오는가
대게의 노래
그리 사는 것이네
늙은 로맨스
그림 밭
나는 어차피 각설이다
거꾸로 도는 건 누구일까?
마한의 섬
세종대왕님 가라사대
이십 년

봄 까치는 오는가

 집 뒤 공원 길섶에 두 마리 까치가 나풀댄다. 아직 찬바람에 버석대는 검불 여기저기를 쪼아댄다. 아침나절 창밖에서 소리치던 녀석이 이놈인가 싶어 살폈다. 살을 에는 추위에 한동안 자취를 감추더니 봄을 물고 와 부려놓았다. 며칠 새에 산수유, 개나리가 엷은 꽃잎을 내밀었고, 벚꽃 움이 곧 터질 기세다.
 문득 까치는 한겨울을 어디서 보내다 온 걸까 궁금해진다. 날이 추워지면 새들이 사라지는 걸 당연시해온 탓에 의문을 품지 않았던 일이다. 철새처럼 남쪽 따뜻한 곳으로 피접 다닌다는 말도 들어본 적 없으니 더 그렇다. 삭풍 몰아치는 산기슭의 까치집을 쳐다보면서는 빈집일 거라는 생각을 늘 한다. 얼기설기한 갖춤새로는 엄동 한천을 이겨내지 못하리라 여겼기 때문이다. 봄날 출현하는 녀석은 어딘가 먼 데서 숨어 살다 온 것처럼 생경하다.

몇 해 전만 해도 공원 숲에 둥지를 튼 까치 소리가 심심찮게 들렸다. 5층인 우리 집 뒤 베란다에서 잡힐 듯 붙은 낙엽송 꼭대기에도 집을 지었다. 옆 동의 까치집이 부럽기만 했는데, 어느 날 나뭇가지를 물고 들락거리던 걸 마음 졸이며 문틈으로 지켜보았던 일이 여태 삼삼하다. 몇 해나 까치는 봄이 찾아온 걸 먼저 알려주었고, 무리 지어 음악회를 열었고, 창을 열면 나무들과 어우러진 한 폭의 풍경화로 걸려 있었다. 공원의 느티나무, 벚나무며 나지막한 숲의 바람을 받아내는 까치집의 흔들림이 좋았다.

올해는 다시 지으려나 싶어 휑한 가지를 쳐다보지만, 낌새는 어느 나무에도 없다. 그러니 필시 이 까치들은 다른 데서 살다 온 게 틀림없다. 꽃물이 들기 시작한 공원에 먹이를 찾아왔나 보다. 아이들이 흘린 과자 부스러기를 냉큼 쪼아 물고는 나무 위로 오른다. 비둘기 무리와 먹이 다툼을 벌이며 분투하는 날갯짓이다. 내 인기척에도 태연하다. 어쩌면 나와 눈도 마주치며 면이 익었던 녀석이거나 아니면 그 아랫대인지도 모른다는 생각을 한다.

그땐 느지막이 아침 청소를 막 끝낸 때였다. 까치 소리가 다르게 부산스러웠고 밖에서 귓전을 아리게 하는 쇳소리가 들렸다. 아파트 관리소에서 무슨 작업을 하는 건가 여겼다. 볼일로 집 나서다 어질러진 뒤뜰에 깜짝 놀랐다. 봄볕에 막 엷은 잎을 달기 시작한 나뭇가지가 여기저기 널브러져 있는 것이 아닌가. 쳐다보니 열을 지어 해마다 아파트 뒤를 푸르게 꾸며 주었던 낙엽송 여남은 그루가 모두 잘려나갔다. 중간 허리 부분 둥치를 삭둑 잘린 몰골에 눈을 감았다.

까치집도 내동댕이쳐졌다. 일꾼들이 잘린 등걸과 흩어진 잔가지며 잎들을 뒷정리하고 있었다. 그래도 야물게 뒤얽힌 몇 잔가지에 붙은 깃털이 아침까지 드나들었을 까치의 보금자리 흔적임을 알리고 있었다. 한참 서성대며 황당해하는 내 눈치를 읽은 것인지, "요즘 까치는 과일이나 쪼아대고 한다는데 뭐 대숩니까?" 우람한 나무를 모두 베어내고도, 산 날짐승의 집을 가차 없이 허물고도 어찌 저리 태연할까 싶었다. 일당에 매인 밥벌이 일이 아니었다면 그 사람들 속내는 그렇지 않으리라 여기며 나 혼자 안달낼 수밖에.

미리 바퀴벌레를 제철 전에 박멸하기 위해서라 했다. 두 해 전부터인가 여름이면 집에까지 들어와 스멀대는 놈으로 야단은 떨고 있던 터였다. 나무 바퀴벌레라 했는데 매미만큼 큰 놈이 징그러웠다. 아파트의 응달 습지에 날듯이 숨어다니니 원인은 밖에 있다고 했다. 앞 동은 괜찮은 것으로 봐 우리 동의 뒤편 잡풀 더미와 낙엽송이 서식지로 꼽혔다. 큰 나무줄기를 타고 창문으로 날아든다는 말이 나돌며 의견이 분분했다. 동 대표자 회의 때 뜻이 모여 나무는 동강난 난쟁이가 되어 하늘을 쳐다보게 되었다. 밑동도 아니고 왜 어중간하게 중간을 잘

랐는지도 모를 일이었다. 명색이 수목 관리사인데 논의한다며 불러만 놓고는 벙어리로 만들었다고 했다. 하 애석하여 관리 사무소에 따져 물었더니 미리 공지했다는 말만 되돌아왔다. 그쪽으로는 늘 건성으로 흘려듣고 있었으므로 더 따져볼 낯이 없었다. 함께 모인 주민들도 가지 치기나 하는 줄로 알았다고 했다.

둥지가 사라진 허공을 돌며 까치가 며칠이나 까악까악 울었다. 사월이 부화기라고 했는데 알마저 잃어버린 것인가. 슬픔과 원망 같은 것이 하늘에 묻어 내렸다. 이미 말끔히 흔적도 없어진 일이니 어딘가 다른 데로 날아가 살아가겠지 했다. 끝물의 벚꽃이 무심히 떨어지며 새잎이 돋고 있었다. 이윽고 극성스러운 매미 소리와 천둥소리와 몇 번의 소낙비 소리에 까치 소리는 휩쓸려 갔다.

몇 년이 흘렀다. 다시 이 이른 새봄에 찾아와 먹이를 찾고 있는 녀석에게 나도 모르게 자꾸 눈길이 간다. 톱날을 세운 채 뭐 대수냐고 했던 검은 턱수염 사내의 말이 윙윙댄다.

까치가 울면 반가운 손님이 온다 했고, 까치설날은 어저께이고 우리 설날은 오늘이라며 노래 불렀다. 해충을 잡아먹는 길조라 여겨 고마워했고, 그 갚음일까마는 늦가을 감나무의 홍시를 다 따지 않고 까치밥이라며 남겨주었다. 사람과 더불어 사는 이웃으로 여긴 것이 아니던가. 잘려나간 둥치에서 새 줄기가 다시 굵게 자라 우리 집 창 높이까지 올라왔다. 그 벌레도 없어지지 않았다. 이따금 자지러지는 아주머니들의 외마디소리에만 귀가 쏠렸는지, 그때 동 대표자가 아무래도 설군은 회의를 했나 보다. 한자리하면 뭐든 다 해낼 수 있는 양 설쳐대는 그 '완장' 병이 이 동네에도 번졌던 것인가. 애꿎은 나무와 까치집만 부순 일이었다. 말이 많아지자 태풍에 쓰러질까 잘랐다며 옹색하게 둘러대기도 했다. 힘을 거머쥔 사람의 어설픔이 그때나 지금이나 세상 곳곳에서 사위스럽다.

까치의 근심이 깊어간다. 언제부터라고 사람들은 밥도 아닌 과일 하나 더 먹자고 얼씬도 못 하게 내쫓거나 총질까지 해댄다. 게걸스럽게 너무 먹어서 생긴 병으로 저세상 문턱을 앞당기면서도 그런다. 까치는 그냥 까치이건만 인간의 득실에 따라 익조요 해조요 하며 몸값을 매기니 까치로서는 어이없을 일이다. 어쩌다 집에 스멀대는 벌레 하나 잡으려 까치집을 허물어버리는 처사에 기가 막혔을 것이다. 동요로 칭송받기는커녕 홍시 하나 못 얻어먹을 처지로 곤두박질했다. 어느 자치단체에서는 여태 상징 새로 삼았던 까치를 버리고 다른 새로 바꾸었다고도 한다. 호랑이만큼이나 민화에도 자주 그려 넣어주던, 길고 깊은 줄 알았던 인간의 정분이란 게 이렇게 쉬 앵돌아질 줄이야. 사람 일이 먼저라 하니 까친들 어쩔 것인가.

칠월칠석날 밤 까치는 하늘 위로 올라갔다. 오작교를 놓으며 직녀의 할아버지인 옥황상제에게 읍소하는 말이 울린다.
"사랑과 나눔이 뭔지를 제대로 알기는커녕 저밖에 모르는 인간이 세상일을 함부로 재단하지 못하게 하소서. 이제 땅 위에 인간이 유익한지 해로운지 저들이 알게 해주소서."

 벚꽃 움트는 봄날에 기도를 올린다. 하늘 타고 내려온 까치일까. 원래 요지경 티끌세상이지만 새봄은 그래도 오기 마련인 것을. 이 봄엔 구원을 풀고 다시 우리 집 창틀의 풍경화로 앉아 있기를.

          ≪수필과비평≫ 2018. 2.

대게의 노래

 강구로 바람 쐬러 갔다. 바다가 보고 싶어질 때가 있다. 탁 트인 수평선을 바라볼 때의 안온함, 외경의 두근거림, 영원의 품속 같은 것이 그리울 때가 있다.
 더 가까운 바다를 두고도 구태여 강구로 간 까닭은 대게란 놈이 있어서이다. 갈매기 떼가 배 위를 너울거리는 포구에 바람은 아직 차지만 아지랑이가 엷은 춤을 춘다. 부둣가의 조붓한 도로 양쪽으로 식당이 선을 뵈듯 줄을 섰다. 색색으로 내걸린 간판이 정분 낼 봄 색시처럼 치장을 했다. 같은 게 요리이겠건만 저마다 다른 맛이라도 내는 별난 게라도 있는 양 손님 끌기에 법석이다.
 활처럼 휘어들어간 포구 안쪽 부두의 위판장이 북적댄다. 마침 배에서 갓 내려놓은 게가 팔려나가고 있었다. 어부가 한

주머니 채워 떠나버린 게의 저세상 길 간이역이다. 경매꾼들의 기이한 손놀림과 걸쭉한 목소리가 바닷바람에 실려 장마당을 달군다. 토해내듯 쏟는 말은 한마디도 알아듣지 못하니 숫제 외국어다. 열병하는 병정처럼 바닥에 눕혀놓은 게들이 게거품 물고 바동댄다. 포박당한 채 치켜든 집게발은 결사 항전의 몸짓이다. 막 입항한 배에서도 꾸무럭대는 게를 가득 담은 상자들이 연신 쏟아져 내린다.

영덕대게란 이름값에 끌려 먼 길에도 찾기는 하지만, 포구를 떠날 때는 뭔가 아쉽다. 게 맛의 뒤끝이 뿌듯한데도 먹성이 차지를 않아 마음 한쪽이 빈다. 제대로 골라 먹지 못한 것 같은 미련에 끌린다. 또한 값에 비해 후딱 먹어 치워 버리는 짧은 시간의 입맛이 허하고, 도회 사람의 찌든 마음을 다독일 바닷소리가 방 안의 사람 소리에 묻혀버리는 것이 더 아쉽다.

초입에서 소란스럽던 번듯한 식당을 지나쳤다. 바다도 내다보며 여유로울 수는 있을 테지만, 낚시를 놓은 것 같은 말짓이 미덥지 못하다. 바닷물로 질척이는 왁자지껄한 부둣가 난전이 좋다. 좌판을 여기저기 기웃거리며 구경하다 흥정하는 재미는 더 좋다. 계급장처럼 주름살 깊게 새긴 아주머니가 좋은 놈이라며 집어 든 게를 상자에 내던지며 뱉는 거친 숨소리와 막말들이 내 무딘 가슴을 뛰게 한다. 온통 꿈틀거리는 생명의 떨림이다. 대게 상자를 식당으로 끌고 가는 일꾼 총각 뒤를 사람들 어깨에 부딪치면서 입맛 다시며 따라가는 것도 살맛나게 한다.

 난전의 길 안쪽으로 허술하지만 때 묻은 속정 같은 식당들이 덕지덕지 붙었다. 호객하듯 문 앞마다 내걸린 솥에서는 하얀 김이 소리를 내며 뿜어져 나온다. 사람이 게의 숨을 거두는 곳이요, 게가 바다를 그리워하며 하직하는 곳이다. 낯선 말투와 게살 냄새가 뒤섞이며 방 안을 휘감는다. 단숨에 삶겨져 상에 올라온 게를 해체하며 가위질해주는 식당 아줌마의 손놀림이 야만스럽게 날렵하다. 귀이개 같은 작은 쇠스랑으로 게 다리를 게걸스럽게 파 제치며 속살을 꺼내고 있는 나도 아내도 그렇다. 제법 먹을 만큼 양이 될 줄 알았는데 순식간에 껍데기만 수북이 쌓인다. 머리통에 붙은 점박이 눈알만 살아 있는 듯 형해의 몰골로 째려본다.

 먹고 나면 뭔가 아섭고 허접한 것은 바로 이 생경한 거슬림을 털어버리지 못해서일까? 먹는 멋을 쫓아내는 수술실 도구와 같은 가위나 쇠스랑도 그렇지만, 순간의 맛으로 그냥 배만 채우는 멋쩍고 단순한 조리법 때문이기도 하리라. 상을 둘러싸고 앉아 쌓이는 껍데기를 곁눈질하며 게살을 파고, 남의 상에 쌓인 껍데기를 힐끗거리기도 하는 모습이 야릇하다. 왠지 시간을 거슬러 까마득한 원시 때 사람들의 환영을 보는 것 같다. 바닷가에서 모닥불을 에워싸고 돌칼을 찍어대며 배를 채우는 거무튀튀한 얼굴들을 떠올린다. 여기가 그 자리였을까?

 부둣가 좌판의 퍼덕대는 소리에 다시 빨려든다. 비릿한 갯

바람이 파도를 타며 밀려온다. 생명을 잉태시킨 바다, 그 원초의 냄새를 내 몸속 시원의 감각이 아득한 고향으로 받아들인 건지 푸근하다. 바다는 원래 야만의 세상이었다. 햇살에, 바람에, 천둥소리에, 파도 소리에 사람은 벌거벗은 채였다. 거칠었던 본성이 긴 세월 문화라는 그릇에, 사람답게라는 말의 그물에 길든 까닭으로 후벼파는 쇠스랑 짓을 거북스럽게 느낀다는 생각을 한다. 경매장에는 그 많던 게들이 다 팔려나가고 떨어져 나간 게 다리 몇 개가 습한 바닥에 나뒹군다.

약삭빠른 장사꾼으로 시끄럽다. 씨앗 대게를 잡아 오거나 대게도 아닌 걸 들여와 제 욕심만 차리니 대게의 이름값을 깎아 먹는다고 야단들이다. 하지만 어쩌랴. 파도를 헤쳐 가며 사는 일이 원래 그렇다면야. 그래도 포구의 바다는 뭇 생을 품어 살리며 여전히 출렁대리라. 게살 파먹는 거슬림을 감추는 멋과 맛을 만들어 낼 수는 없을까? 태초에 바다로부터 천생으로 떠안은 대게의 맛 밑천을 알지 못하는 내 아둔함일지도 모르지만, 사람들은 더한 즐거움과 추억을 담아갈 것 아니겠는가.

한 마리 거대한 대게 조형물이 포구의 다리 위에 걸터앉았다. 홀로 외롭다. 내 본래의 몫도 모르고 너희 인간이 웬 먹는 타령이냐며 부라리는 몸짓이다. 갑자기 봄 하늘이 꿈처럼 몽롱해진다. 게의 혼령들인가. 식탁 위에서 형형하게 날 노려보았던 게 눈이 무리로 번득이며 덮쳐온다. 맛 값을 내놓으란다. 조형물을 걷어내고 그 자리 게 육신의 껍질로 하늘 높이 탑을 쌓아 이 시대 게걸스러운 신원시인에게 잡아먹힌 넋을 달랜다. 방마다 쇠스랑 들고 웃어젖히던 얼굴들도 만들어 세운다. 옛날 패총을 만들던 사람들의 거무튀튀한 알몸의 그 원시 얼굴로.

차라리, 차라리 여기서는 문명의 족쇄에 붙잡힌 입맛과 체면을 던지고 야만의 게 맛에 신들려 하는 것이 본래의 얼굴 아니겠는가. 쇠스랑에 땟물 맨손이면 어쩌랴. 하여, 강구는 원시인 구역이다. 바다 밑 대게의 아득한 노래가 울리는 곳이다.

뱃전에 아른거리는 아지랑이를 타고 강구의 춘심이 춤을 춘다. 바다는 야생의 터이고 포구의 부두엔 치열한 삶이 요동친다. 겉 세상의 덫에 걸린 내 일상을 내던지고 파도의 거친 숨결을 더듬는다. 이것이 좋아 나는 바다를 찾는다.

2011. 3.

그리 사는 것이네

　산길에 아는 얼굴이 많아진다. 인사를 걸어오는 옛 직장 사람도 이내 알아보지 못할 때가 있으니 시간이 벌려놓은 틈새가 서먹하다. 물기 마른 얼굴이었다. 문득 초등학교 운동장을 덮었던 만국기가 눈에 펄럭댄다. 참새 떼와도 같았던 나와 또래들은 오전반, 오후반으로 갈려야 교실이 있었지만, 그날은 같이 뜀박질하며 뒹굴었다. 상으로 받은 연필 한 자루, 공책 한 권씩 쥐고는 논둑길을 타고 고샅길로 들어서며 신이 났던 날이었다.

　우리끼리의 전쟁이 끝나고 헐벗은 어머니 자궁에서 쏟아지듯 아이들이 나왔다. 캄캄한 밤마다 지을 일은 그것밖엔 없었으니 울분을 토하듯 부지런히도 움직였던 공덕이리라. 그 아이들이 이제 '베이비부머'란 계급으로 두 번째 세상에 쏟아져 나온다. 2015년부터 2020년까지 700만 명의 집단 은퇴다. 지금 일하는 사람 5명 중 1명이다. 산에서 만난 이들 또한 그 또래들이다.

엄마와 승강기를 탄 아이가 귀엽다. 을러보고도 싶지만 어른의 손은 이제 함부로 내밀지 못한다. 아이가 귀하게 된 지 오래이니 청년이 없어지고 있다. 지금의 출산율로는 120년 후엔 인구는 천만 명이 되고, 그 후 지구에서 가장 먼저 사라지는 나라가 될 것이라 한다. 아이 낳는 일은 이제 나라가 통사정을 해도 씨알도 먹히지 않는다. 은퇴자가 쏟아지고 청년이 줄어드는데도 벌어먹기는 더 힘들고 일자리는 없다고 하니 해괴한 마법에라도 걸린 세상 같다.

알파고와 맞서 돌을 놓고 만 바둑 장수의 얼굴은 창백했다. 찌푸린 장수의 미간에 세상의 길이 운명처럼 똬리를 틀고 있었던 건 아닌가. 인공 지능의 실체를 맛보기하며 화들짝댔지만, 인간의 일을 야금야금 뺏어 온 지 오래다. 로봇으로 일자리 2/3가 없어질 것이라는 소리가 나온다. 사람은 뭐하고 살지 으스스하다. 백 년이나 산다는데. 붉은 머리띠를 아무리 동여매어 보았자 키가 크지 않는 난쟁이가 된 경제에 나의 몫만 챙길 수 있는 것인가? 어느새 그 또래들도 나는 하며 머리를 치켜세우려 한다. 각자의 바둑판 앞에서 길을 찾지만 갈수록 버겁다고 한다.

난쟁이가 말한다. 나라고 하는 수많은 그대들, 그대들이 곧

혹스러워하는 만큼 나도 그렇다네. 경제학자들이 여러 말로 나를 정의해 왔지만, 그들 말대로 내가 굴러가지 않았지. 내가 그대들에게 해줄 말이 별로 없어. 몫을 가르는 방법은 그대들이 쥐고 있기 때문이야. 600만 년 인류 역사를 100년으로 본다면 99년을 수렵과 채집으로 살아왔고, 겨우 1년간 몫 가르는 법을 시험해 온 거였어. 그러니 나도 잘 몰라. 문제는 그대들 안에 숨은 또 다른 그들의 욕심이야. 온 가을밤을 울어 예는 귀뚜라미 소리 한번 들어보시게. 자기 것이 없는 우주의 소리거든. 비워내는 소리. 그리 사는 것이네. 연필 한 자루 받고도 좋아하지 않았던가.

《매일신문》 2016. 10.

늙은 로맨스

'춤 잘 추는 게 부러웠어. 남의 옷가지만 지키며 앉아 있는 겨울밤은 참 허하고 열불 났지. 퇴근 시간이 다가오면 술과 춤출 곳, 패거리를 찾는데 더 골몰하고 곧장 집으로 가는 일이 절대 없었던 한 윗사람, 그의 취향에 맞추느라 한때 곤혹스러웠지. 쉬 항변의 입을 떼지 못하는 게 그 시절 분위기였어.' 회관이라 이름 붙인 몇 곳의 기억을 떠올리고 있는데 화들짝 정신이 돌아왔다.

"뭘 그리 정신없이 보는가요." 등을 친 사람이 웃는다. 한때 한 직장에서 일했고 같은 아파트에 사는 이로 이쪽 산에서 가끔 동행이 된다. 이제 막 하산한 양 땀을 훔친다. 내가 옛 생각을 했나 보다. 앞에서는 여전히 색소폰 트로트 가락이 흐르고 무대 앞에 운집한 이들은 노래를 따라 부르며 들썩인다. 지하철 종점 문양역 대합실 한쪽이다. 도시의 서쪽 끝 한적한 교외다. 주변 산길을, 인근 낙동강 강변의 매운탕 집을 찾는 사람들이 많다. 흘러간 옛 노래처럼 흘러간 세월에 매인 세대다.

그도 옛날의 회관 같지 않느냐며 옆에서 콧노래를 보탠다. 지금도 성업 중인지는 모르지만 가볼 일 없으니 옛이야기로 가물댄다. 빛과 소리가 전장의 섬광처럼 현란했고, 넓은 홀에 탁자마다 밝힌 붉은 등이 반딧불이 같았다. 등을 치켜세우면 종업원이 달려오고 이내 술이 내어지던 풍경이 떠오른다. 지금의 노래방 가듯 한잔 술 뒤엔 그다음으로 들르는 곳이었고 춤바람 염문의 소문도 심심찮았다.

왠지 요즘 트로트 가락에 더 끌린다. 〈동백아가씨〉의 원로 여가수가 '전통가요'란 이름을 고집하는 우리 노래다. 아직도 이를 까닭 없이 깎아내리는 것으로 자신을 고상한 척 높여 보려는 철이 잘못 든 이가 있으랴. 군번 없는 용사처럼 여태 우리글 참한 이름도 얻지 못했으니 애상하고 구성진 가락만큼이나 그 일이 더 애달프다. 뭐라 부르든 색소폰의 매력적인 음색을 타니 더 좋다. 그때 오기가 나 춤 따라 배워보려다 못한 게 요즘 아쉽다.

"저희들로 인해 당신이 행복했으면 좋겠습니다." 소담하게 꾸며놓은 무대 앞쪽에 걸어놓은 횡단막 문구다. 주말 오후에만 공연하는 한 색소폰 동호회의 재능기부 자선 음악회다. 교실 두 개는 됨직한 공간을 지하철역에서도 그냥 내어 준다.

승객을 끌어모으는 일이니 누이 좋고 매부 좋고, 할 일 없는 백수의 남녀에겐 더 좋은 일이다. 역 밖의 나무 그늘에 각설이라도 들어서는 날엔 양쪽을 오가며 더 신이 난다.

하산 후엔 이 공연에 눈을 뺏기는 일이 잦아진다. 해 다르게 산 걸음이 힘에 부치는 만큼인 것 같다. 앞쪽에서 춤사위가 여간 아닌 몇 사람이 분위기를 이끈다. 그 회관이란 데 돌아다니며 주머니깨나 풀어낸 솜씨들일까도 싶다. 지휘자라도 된 양 붉은 모자에 긴 팔을 흔들며 언제나 쉼 없이 장단을 타는 한 노장에게 유독 눈이 간다. 옛일을 더듬는, 가면극의 탈을 쓴 주술사 같다. 젊었을 때 화려한 회관 로맨스를 즐겼던 이일까. 남과 여의 눈짓이 섞이던 그 어둑한 불빛의 일을….

아니다. 영고와 무천을, 처용무를 추어대던 까마득히 오랜 사람들의 그림자는 아닐까. 곡이 바뀌고 가락을 타는 몸짓의 열기가 더 달아오른다. 후딱 생각이 바뀐다. 동이東夷의 맥이다. 갖은 얼굴의 남녀가 함께 둥실대는 것, 이건 사는 일의 멍울을 삭이려 신줏단지처럼 품어온 각자의 신에게 올리는 기도의 춤이다. 무량 세월 가슴에 조각조각 쌓인 마음의 흔들림이다.

산 오르는데 폭염 경보가 휴대폰을 울리고, 유월 중순에 때아니게 37도까지 오른 날, 그 열기에도 춤은 멈추지 않는다. 태양신에게 경배를 올리는 토인들의 몸짓으로 늙은 로맨스를 저마다 은근슬쩍 꿈꾸는 건 아닐까. 몸 장단은 못 맞추지만 슬며시 손이라도 내밀고 싶어진다. 외로움을 타고 있음이다.
2017. 6.

그림 밭

　창밖을 내다본다. 도서관 창문에 어린 내 얼굴 위로 빗방울이 맺히며 구른다. 산능선을 휘감아 흐르는 비구름이 몇 장의 수묵화를 연이어 그려낸다. 붓을 들고 있어야 할 목요일 오전이 석 달째 잡생각에 매였다.
　'뭉크전展'을 보러 갔다. 그림 이야기에다 사는 이야기로 껄렁대는 버스 안이 좋다. 서울 가야만 거장들의 작품을 볼 수 있다는 것에 대해 볼멘소리를 내기도 했다. 하지만 그림을 불러올 힘이 없는 지방인데 어쩌랴. 요즘엔 서울까지 올라가 미술을 감상하는 몇 안 되는 축에 끼어있다는 묘한 만족감도 느낀다. 되레 행복하다. 더구나 낯선 여자 옆에 앉아 말동무 한 그저께는 종일 꽃을 들고 있는 기분이었다.
　소 먹이러 오른 꼬부랑 산길 땅바닥에 어머니 얼굴을 그렸다. 뭉게구름도 넣었다. 며칠 전 할머니 집에 왔다 간 어머니에게 말도 못해 보고 쳐다보기만 했기 때문이었다. 유년의 한때를 부모와 떨어져 살았다. 무얼 그렸는지는 가물거리지만 초등학교 때 그림으로 상을 받은 적이 있었다. 청보리밭이 바람에 넘실대던 때 여자의 옆얼굴을 그려 큰방 문틀 위에다 붙여 놓았다. 죽담에 올라선 할머니가 잘 그렸다며 웃으면서도 누군지는 묻지 않았다. 친구와 땅따먹기하던 마당에도 자주 그림을 그렸다. 나는 늦가을 하늘에 매달린 가지 끝의 하나 남은 감처럼 혼자일 때가 많았다.

채우고 싶었다. 밥을 먹어도, 술을 마셔도, 책을 읽어도, 노래를 불러도 나는 허기가 졌다. 잡히지 않는 그리움 같은 것이었다. 그림을 그리고 싶은 마음이 인 것도 뭘 채워보려는 내 삶의 의식 같은 것이었으리라. 퇴직 후 막연히 다가올 시간이 불안했다. 주뼛거리며 붓을 들었다. 앞에 닥쳐올 빈 시간의 허한 공간을 그림으로 덮어보려 했다. 그림 배우는 날이 맞선 볼 처녀 기다리는 날 같았고 집 베란다에서 붓을 잡으면 시간은 도둑맞은 것처럼 짧아졌다. 그림 선생의 잘 그린다는 사탕발림 말에도 우쭐해 할 만큼 순진한 아이가 되어갔다. 어쩌다 보니 공모전에서 상까지 받는 일도 생겼다.

뭉크의 〈자화상〉이 날 쩨려본다. 나도 마주 쩨려보았다. 음울한 듯 침침한 색조의 그림들 앞을 지날수록 덩달아 음습해진다. 〈절규〉 앞에 섰다. 두 해 전 아내와 오슬로 국립미술관에서 만났던 유화 〈절규〉가 흑백의 판화의 모습으로 서울의 한 가람미술관에서 절규한다. 그의 대표작으로 소문난 대로 사람들이 멈추어 서성인다. 어린 나이에 어머니와 누이의 죽음을 겪은 슬픔, 이로 인한 불안과 공포, 외로움, 허무감이 평생 그의 그림을 붙들었다. 사람의 감정 표현을 지나치게 왜곡했다며 당시에는 개인전도 못 열 만큼 퇴짜를 받았다는 그림이다. 19세기 후반과 20세기 초반을 살았던 그가 후에 표현주의를 이끈 선구자로 불린다는 설명이 어두운 조명을 받고 있다. 그림처럼 변해가는 관람자들의 어둑한 표정을 벽에 붙은 뭉크가 사열하듯 바라본다. 표현주의 어쩌고 하는 건 후에 사람들이 주절대며 붙인 말이지 내 생긴 대로 그린 거라고 받아친다. 편치 않았던 삶, 그게 나의 그림이 되었고 나와 '니체'가 산 시절의 사람들 꼴이 그랬다고 돌아 나오는 내 등 뒤를 두들긴다.

'그림사랑회' 회원이 된 지 몇 해나 된다. 미술사를 공부하는 모임이다. 올해만도 네 번째 서울로 찾아간 미전이다. 1월에는 '한국미술 근현대 100년전'에서 이중섭을 비롯한 걸출한 우리 화가를 만났고, 3월에는 클림트, 에곤실레를, 5월에는 '오르세 미술관전'에서 세잔, 모네, 드가, 고갱, 르누아르, 고흐를 만났다. 그림 공부는 내 얼굴을 찾는 작업이었고 까마득한 시간을 이어가는 사람의 흔적을 만나는 일이었다.

또 한 장의 입장권을 꺼내었다. 바로 옆 전시관 '20세기, 위대한 화가들전'이다. 다시 만난 거장들의 그림 앞에서 미술사의 평을 곱새긴다. 잘 그린 그림이 뭘까, 라는 의문이 이번에도 내내 생각 머리를 잡는다. 전시회 때 가끔 무슨 그림이 이러냐며 껄렁대다가 움찔한다. 뒤에 숨은 미술사의 설명이 그렇지 않다고 나서기 때문이다. 눈에 보이는 것밖에 못 보는 초짜의 객기이리라. 미술사를 접하는 일은 내 그림 밭에 거름을 주는 일이라 여기지만 호박꽃도 피어날까 싶지 않은 아직 황량한 밭이다. 나는 그 마른 터를 채워보려 흔들대다가 숨을 내리쉬고 있다.

덤이라 생각하고 들어갔던 조영남의 '왕따 현대미술전'의 그림이 펄떡댄다. 신윤복의 그믐달 아래 남녀의 밀애를 그린 〈월하정인月下情人〉의 돌담을 바둑판으로 바꾸어 놓았다. 조선의 지엄한 금기의 덫을 헤집은 남녀의 야밤 사랑놀음을 내기 바둑 한판으로 흥정하는 노름판으로 만들려 했는지 짓궂다. 화투판 그림으로 괴짜로만 여겼던 그의 멋이 부럽다.

내려오는 길, 차창 너머 어둠 속으로 스치는 불빛을 바라보던 옆자리 여자가 넌지시 내민 글이 새큼하다. 숨겨진 글재주 같아 은근히 탐이 난다. 다시 뭉크가 나타나 미술사가 다 뭐냐? 지은 이야기지, 제멋에 그리면 되는 것 아니냐며 눈을 부라리는 것 같다. 그렇다. 멀리 거장들을 바라보며 면벽 수행하듯 어려워할 일이 뭐 있으랴. 그래, 제멋이라는 거다.

비구름이 다시 산허리를 휘감는다. 푸른 산이 제 색깔을 드러내다가는 감추곤 한다. 겉멋에 빠진 솜씨로 안개비에 젖은 산의 태깔을 어찌 그릴 수 있을까마는 내 그림 밭에 돋아나는 잡초를 뽑으러 다시 나가보아야겠다. 여전히 절규해야 할 지금 세상에 새큼하고 짓궂은 그림 하나 던지고 싶다.

2013. 7.

나는 어차피 각설이다

 늦은 낮잠이 들려는데 휴대폰 소리가 성가시다. 댓글이 여러 개 달렸다. 그림 좋다는 말에 별스럽게도 논다는 말이 이어지더니 "형님, 그 아지매 살살거리는 눈꼬리가 여간내기 아니니 퍼뜩 일어나이소." 홀리지 마란다. 내가 올려놓은 사진을 다시 보니 꽃단장한 각설이와 팔짱을 낀 채 웃고 있다. 끼에 홀렸다. 어차피 홀려 사는 세상 아닌가?
 복수초福壽草를 보러 가산산성에 올랐다. 이른 봄 눈 속에서도 연꽃처럼 핀다고 해 설연화雪蓮花라고도 하며 얼음새꽃이라고도 한다. 해마다 복수초가 뿜어내는 생명의 끼를 동냥하러 산에 오른다. 올해 개화 시기가 늦은 모양이다. 누가 꽃대가 솟아오르는 땅을 헤집어 놓았다. 자연의 끼를 도둑질해 사는 일로 흥이 얼마나 더 날까? 산기슭을 내려오는데 웬 노랫가락이 바람을 탄다. 산성의 정문, 진남문 앞에 전을 편 각설이패다. 여느 때라면 확성기 소리가 싫어지는 법인데 기분이 바뀐 건 노랫가락 때문일 것이다. 흘러간 노래가 요즘 부쩍 좋아진다.

"얼씨구! 아이고, 저×들은 팔자도 좋다. 우짜머 신랑 옆에 앉아 차 타고 놀러 댕기노? 잘 벗은 모양이구나. 아이고! 나는 우짜다가 각설이한테 시집와가 이 꼴이고. 쳐다보는 너거들 잘 처먹어 살이 째질라 카네. 에이! 저기 잘난 놈 그냥 가지 말고 노래도 한 곡조 뽑고 가거라. 돈 안 받는다. 저쪽에 앉은 아재는 와 수놈만 둘이고 산에 전신에 암놈인데." 누더기 처마 저고리에 붉은 패랭이 삿갓을 쓴 여자가 엉덩이를 실룩거리며 욕지거리 사설을 내뱉는다.

따귀를 맞고도 남을 말이지만 차 타고 지나가는 사람도 목을 빼내 웃고, 구경꾼도 배를 쥔다. 등산복 차림의 남녀 일행이 엉켜 춤을 추며 몇 곡 노랫가락을 풀어놓는다. 떠꺼머리에 잠방이를 입은 각설이의 걸쭉한 장타령에 사람들이 모였다가 꽃단장 여자의 노랫가락이 끝날 때쯤에 또 흩어진다. 바람에 일렁이는 봄 햇살이 엿을 들고 소리 지르는 각설이의 몸에서 부서진다.

나는 각설이패가 좋았다. 노랫가락이 좋았다. 장타령을 한 번 해보고 싶었으나 아직 구경만 한다. 길을 걷다가 각설이패의 가락이 들리면 어김없이 멈춘다. 어디에 각설이패가 있더라는 말만 나돌면 찾아 나선다. 십 년도 더 되었다. 집 앞, 아파트가 들어설 공터에 가을걷이한 농산물을 직거래하는 장터가 열렸다. 그곳에 판을 벌인 각설이를 보러 저녁마다 나갔다가 파장이 되고서야 집에 왔다. 직장 일로 풀이 죽어 퇴근했던 얼굴에 생기가 빤짝거린다고 아내가 얄궂다고 했다. 요즘 곳곳에 축제가 유행이다. 축제를 만들어야 먹을거리가 생긴다고 우기는 관청 사람들이 이때는 좋게 보인다. 어지간한 축제에는 양념처럼 각설이패가 자리를 잡으니 말이다. 봉산문화회관에서도 작년에 왔던 각설이가 또 왔다며 손짓한다.

유랑극단의 가설무대가 들어서면 시골 장터는 시끌벅적했다. 구경꾼 끌어모으려는 확성기의 노랫가락이 보리밭 바람을 타고 멀리 산골 마을까지 밀려왔다. 끊어질 듯 이어졌던 그 가락이 "황성 옛터", "비 내리는 고모령"이라고 했다. 어른들이 지게를 지고도 따라 흥얼댔다. 외줄을 타고 공중을 나는 여자, 입에서 불을 내뿜는 남자, 흔들어대는 각설이타령에 신이 났다는 소문이 퍼졌다. 안달이 났다. 입장료로 며칠을 꿍꿍대다가 또래들과 작당하여 초저녁 가설극장 천막에 개구멍을 내었다. 뒤에서 붙들려 매질을 당하던 친구 얼굴을 보지도 못하고 사람들 틈새에 숨어들었다. 내내 콩닥거리는 가슴을 누르며 각설이에 눈이 홀렸다.

냇가엔 물오른 버들 사이로 아지랑이가 아롱댔다. 문둥이와 동냥아치들이 자갈밭에서 때로는 불도 지피고 노래도 하고 춤도 추었다. 문둥이가 아이를 잡아먹는다는 말이 돌았다. 꼴 베던 논둑길에서 갑자기 부닥쳐 질겁하며 꼴망태 메고 달아날 땐 다리가 후들거렸다. 거리가 멀어졌을 거라며 돌아보면 외로워 보였다. 혼자 보리밭 길을 걷고 있었다. 나도 혼자였다. 낫자루에 건들린 보리깜부기가 검게 날리며 바람을 탔다. 그 사람들은 떼를 지어 아침나절 밥 동냥하러 사립문을 들어서면서 가끔 장타령을 했다. 할머니가 건네준 밥과 찬을 깡통에 부어 넣던 손과 눈빛은 아직도 내 가슴에 푸른빛으로 떠다닌다. 무시로 마을을 들락거리던 보릿고개였다. 각설이타령이 함께했다.

나는 왜 각설이가 좋고 각설이는 왜 생겨났을까? 각설이의 음담패설과 욕지거리에 흥얼대는 구경꾼들의 가슴에 그 답이 있으리라. 조선의 끝 무렵, 학정과 수탈의 치세에 억눌린 백성은 가련했다. 임오군란 해에 태어나 구십 수를 하셨던, 할배의 아배는 어릴 때 불렀다던 녹두장군 노래를 내 어릴 때도 들려주었다. "새야 새야 파랑새야 녹두밭에 앉지 마라, 녹두꽃이 떨어지면 청포 장수 울고 간다…." 일제의 압제는 암울했다. 만주로 유랑을 떠난 아랫마을 할배의 동생은 소식이 없다고 했다. 우리끼리 총을 겨눈 전쟁은 무참했다. 전선에서 돌아오지 않은 아들을 기다리던 뒤 각단 할매는 자주 울고 다녔.

민초들은 배고프고 억눌리고 억울한 심정을 털어내어야 살 것만 같아 몸을 흔들고 노래를 불렀다. 그게 사당패가 되고 각설이패가 되었으리라. 노래와 춤으로 치세를 손가락질하고 삿대질하던 사람들이다. 그 손가락질이 아직 우리네 가슴에 살아있어 각설이타령에 신명 지피듯 같이 흔들어대는 거 아닌가?

보릿고개 동냥 그릇 대신 오늘 엿 한판을 들고 몸을 비틀고 있지만, 인생의 반전을 갈구하는 게 각설이의 원이다. 동냥 그릇과 엿판에 배고픔만 묻어 있을까? 역사의 질곡마다 짓밟히고 뒤처진 민초의 한이 묻었다. 그 한은 봄마다 진달래가 마른 산 고개를 붉게 물들이듯 산하를 떠돌아다녔다. 엿을 든 각설이의 장타령은 그걸 털어내는 의식이다. 구경꾼과 함께 흔드는 푸닥거리다. 삶의 비원을 채우려 하지만 넘어서기 어려운 고갯길에서 자조하듯 읊은 게 장타령 가락으로 맺어진 거다.

내 유년은 혼자일 때가 많았다. 보리밭 둑길을 헤집으며 떠도는 낭인처럼 나도 돌아다니고 싶었다. 철이 들며 사는 일을 알아가면서도 훌쩍 떠돌면 마음이 편했다. 내가 힘들 때, 밀려날 때, 채우고 싶어도 채워지지 않을 때였다. 나를 옥죄고 있던 것에서부터의 일탈이었다. 거기에 각설이가 있었다. 품바춤이 좋았다. 그건 내 빈속을 채우는 하나의 의식이었는지도 모른다. 황혼 녘 길목에서 흔드는 각설이가 나였고, 흔들리던 내가 각설이었다.

속이 먹먹하다. "공짜 사진 찍어주는 게 어디 있노?" 엿부터 사 먹으라며 살랑대는 미색에 홀려 엿을 밥 대신에 먹은 탓이다. 도망가라고 친구가 적어놓은 댓글 위로 웃고 있는 각설이 아지매가 자꾸 나를 붙든다. 정말 눈꼬리가 사람 호리네. "붉은 입술" 노랫가락이 멋졌다. 봄이 왔다. 발작하듯 봄꽃과 봄기운을 동냥하러 쏘다닌다. 나는 봄의 끼를 늘 탐만 내다가 갈 것이다.

이 봄엔 동냥 거리 한 가지가 더 생겼다. 글 각설이 짓을 하고 있다. 내 글이 각설이 아지매의 살랑대는 눈꼬리보다, 찰싹 달라붙은 엉덩이보다 더 요염해질 수 있을까? 나는 어차피 각설이다.

2011. 4.

거꾸로 도는 건 누구일까?

 마주 걸어오던 사람이 왼쪽 어깨를 툭 부딪치며 지나간다. 내 발걸음이 엇갈리며 기분이 언짢아진다. 뒤돌아보니 팔까지 크게 흔들어대며 당당하게 멀어진다. 이번엔 땀투성이의 통통한 여자가 밀치듯 치고 나간다. 바르게 가던 내가 먼저 비켜 가야 했었나 보다.
 집 뒤편에 작은 공원이 있다. 건너편 아파트와의 사이, 제법 넓은 터에 가득 찬 나무들이 무시로 짙은 바람 소리를 낸다. 가장자리 나무들 사이로 산책로가 나 있다. 한 바퀴가 육백 미터를 좀 넘고, 도는데 팔 분 남짓 걸린다. 한 시간쯤 걸으면 족히 오 킬로 거리가 되니 운동에 안성맞춤이다. 사람 둘이서 조곤조곤 이야기하면서 걸으면 옆으로 한 사람이 겨우 지나갈

수 있을 정도의 폭이다. 몇 해 전, 사람 발길 따라 나 있던 여러 갈래 길을 하나로 합치면서 나무를 적게 솎아내려 좁게 만든 것 같다. 한 방향으로 돌며 편리하게 운동하라고 왼쪽 화살표를 우레탄 포장길 위에다 새겨놓았다. 그 좁은 길을 거꾸로 도는 사람들로 불편할 때가 많다. 이전에도 마주 오던 사람과 부딪쳐 정해놓은 쪽으로 도는 게 어떠냐고 말 건네다가 실없는 일에 끼어든다고 아내에게 핀잔만 들었다.

여름밤이면 더 많은 사람이 더위를 식히려 길을 메운다. 거꾸로 도는 사람들이 많아지지만, 제 잘난 맛에 산다고 콧날 세우는데 어쩌랴. 나는 요즘엔 거꾸로 도는 사람들 만나는 게 오히려 즐겁고 반갑다. 마주 오는 사람들 얼굴 뜯어보며 이 생각 저 생각 굴리는 재미도 괜찮다. 관상 공부하러 오라는 지인이 있어 저절로 관심이 높아진 건가. 서너 바퀴는 후딱 지나가니 지겹지 않게 운동할 수 있어 좋다. 잘생긴 여자에게 건들리면 은근슬쩍 좋아지기도 한다.

어젯밤에 숲이 바람에 심하게 흔들렸다. 올라오고 있는 태풍 때문이었다. 나뭇잎에 휘감긴 외등의 불빛이 춤을 춘다. 불빛을 헤치며 걸어오던 한 여자가 인사하듯 살짝 웃으며 지나간다. 내 바로 앞에 걷는 사람과 아는 사이일 거라 여기며 걷는데 어디서 많이 본 듯도 했다. 다시 마주치는 곳에서 또 엷은 웃음을 보이며 스친다. 뒤돌아보니 그 여자도 같이 돌아보며 여전히 웃고 있다. 틀림없이 나보고 웃은 게 맞다. 젊은 얼굴이다. '누굴까? 바람 부는 날이면 뛰쳐나와 괜히 서성대는 여자일까…' 궁금해하며 더 빨리 걸어 다시 만나는 지점에 이르렀다.

"아저씨, 왜 거꾸로 도세요? 이쪽으로 도는 게 훨씬 경치도 좋은데요." 하며 웃는다. 이런, 나보고 거꾸로 돈다고? 순간 헷갈린다. 찬찬히 보니 집 앞 수영장에서 만나는 아주머니였다. 같이 수영을 배우고 있지만, 수영복 입은 맵시만 보다가 운동복에 긴 머리, 안경까지 쓴 얼굴을 눈썰미 없는 내가 못 알아보았다. 훨씬 잘생겨 보였다. 오던 길을 거꾸로 따라 걸어보았다. 몇 순간 두근거리게 한 여자가 팔을 끄니 안 따라가면 아까울 것 같아서이기도 했다.

아! 이런, 바라보이는 경치가 정말 색다르고 운치가 더 좋았다. 왼쪽으로 돌 땐 아파트에 가려 보이지 않던 대구타워 불빛이 보였다. 동쪽으로 향하는 내리막길의 수목 위로 멋진 야경이 펼쳐져 있지 않은가! 지금까지 그 야경을 등에다 지고 오르막길을 걸었던 거였다. 나는 왜 왼쪽으로 도는 게 당연하다고 생각했을까? 그 화살표 때문이라는 생각이 들었다. 육상경기도 왼쪽으로 달리니 당연히 왼쪽으로 돌도록 표시를 그렇게 했을 것이다. 그게 맞는 걸로만 여기며 방향을 바꾸어보지 못하고 색다름의 정취를 놓치며 걸었으니 거꾸로 돈 건 나였던 건가?

왜 사람들이 왼쪽으로 도는 걸 당연하게 여길까? 사람들이 거의 오른발잡이이기 때문이란다. 오른발잡이는 달릴 때 왼발로 몸의 균형을 잡기 때문에 왼쪽으로 달리는 게 편하다고 한다. 곡선의 원심력을 이기기 위해 왼쪽으로 기울여 몸을 지탱하기 위해서이다. 오른발잡이 축구선수가 왼발을 땅에 딛고 중심을 잡은 후 오른발로 볼을 차는 것도 같은 이유라고 했다. 당연히 왼발잡이는 오른쪽 발로 중심 잡으니 오른쪽으로 돌아야 편한 게 아닌가? 백 미터는 모르지만 곡선이 있는 이백 미터를 오른쪽으로 달리기하면 우사인 볼트가 역시 일등을 할까? 안 해보았던 의문이 인다.

나와 거꾸로 도는 사람에게 구시렁거리기까지 하고, 무례하게 얼굴을 뜯어보았던 것이 슬그머니 미안해진다. 사는 일을 왼발로만 중심 잡으려 했으니, 여태 늘 절룩거리며 왔는가 보다. 탑돌이할 때 오른쪽으로 도는 것도 세상사 균형을 잡으라는 뜻은 아닐는지?

《대구수필과비평》 2012. 12.

마한의 섬

 은행잎을 만지작거린다. 천오백 년의 감촉이다. 백제인의 손길로 전해졌다는 가장 늙은 일본의 은행나무 긴노오오이초 琴の大銀杏의 잎이다. 그러니 나는 지금 백제의 나뭇잎 두어 장을 주머니에 품고 있다. 노회한 나무는 가지를 창공에 밀어 넣은 채 까마득한 날을 셈하듯 샛노란 잎을 흩뿌리고 있었다.
 몇 순배의 잔 위로 어둠이 몰린다. 객기를 부리고 싶다. 멀리하던 술이 오늘은 당긴다. 대마의 소주, 이십오 도 야마네코 山猫의 쏘는 맛이 속을 데운다. 이전의 우리 소주 맛을 떠올리며 어슴푸레 저문 산을 내다본다. 낯선 삼나무 숲이다. 야외 식당의 천막을 파고든 십일월 끝의 바닷바람이 서늘하다. 조갯살 굽는 석쇠의 연기 사이로 음식 나르는 여자의 얼굴이 붉게 흔들린다. 김밥을 구워 먹는 게 낯설고 말이 다른 게 새삼

기이하다.

그물을 든 채 마당에 들어선 아이들을 본다. 식당에 고기를 팔러 왔다는데 허름한 옷매무새가 어인 일인지 낯설지 않다. 갯바위에 붙어 뜰채로 잡았다고 했다. 문득 어릴 적 또래들과 들녘 도랑에서 잡은 미꾸라지를 들고 땅거미 무렵 동네 어귀에 들어서던 내 행색이 떠올랐다. 외등에 비친 까까머리의 거무데데한 얼굴색과 눈망울이 많이도 닮았다. 삼한에서 백제로, 신라로, 고려로, 조선으로 이어지는 반도 사람의 얼굴이 아이들 뒤에서 일렁인다.

짐을 푼 이즈하라嚴原의 포구의 선술집 불빛이 해풍에 흔들린다. 참지 못할 객정을 풀어야만 할 것 같았다. 다시 야마네코를 마주한다. 우리 살쾡이에 술 이름을 붙였다. 일본 본토엔 살지 않는 대륙계 동물이라고 적혔다. 취흥에 빠진 지기의 하모니카 가락에 옆방 일본 여인들이 손뼉을 치며 장단에 어울린다. 한류에 쏠리는 이쪽 여인들에게는 무슨 태생의 끌림이라도 있는 걸까. 이십 년이 다 되어간다. 처음 대마도를 찾아 도착한 이즈하라 항의 선착장에 우리 노래 〈무궁화 꽃〉 경음악 가락이 울려 퍼졌다. 항구의 정오를 알리는 시그널 음악이라 했다. 아릿한 충격이었다. 그 노래의 까닭도 여태 이어지는 물음이다.

밤이 깊어간다. 바다로 뛰어든 포구의 불빛이 도깨비불처럼 번득인다. 자리에 누웠다. 우짖는 짐승 같은 파도 소리에 잠을 설친다. 꿈결 같은 환영이 일렁인다. 낮에 내려다본 아소浅茅만의 일몰, 검붉은 물빛에 돛을 올린 이종무의 수군이 보인다. 바다는 이내 달빛과 별빛이 어린 창검의 빛으로 번득인다. 왜구를 쫓던 그때의 빛이었나 보다. 가깝고도 먼 나라의 이 섬은 더 가깝고도 더 먼 섬이었다. 오늘 나들잇길처럼 열린 뱃길로 반도의 사람이 밀려오지만, 여기 물묻을 얽어맨 시간은 길고도 깊다. 대마対馬란 이름을 누가 붙였을까. 그 연유를 찾아 나선 시간이 오래다. 말의 등처럼 보이는 산봉우리에서 나왔다는 등 여러 설이 있다지만, 나는 마한馬韓과 마주보고 있는 섬對馬의 뜻이라는 데 주저 없이 고개를 끄덕인다.

  조선 국왕의 교지다. 대마역사민속자료관의 시간을 붙들어 맨 채 바랜 빛으로 유리함 속에 귀티나게 누웠다. 이 섬의 우두머리는 대마주 태수에 봉한다는 교지의 힘으로 섬사람을 다스렸다. 힘 부리려는 자도 으스대려는 자도 조선 임금의 임명장을 받으려 했다. 옆쪽 조선통신사 행렬도의 색이 미려하다. 임진왜란의 상흔을 서로 아물리려 오갔던 사신들이다. 한 무리가 대열에서 걸어 나와 헛기침이라도 할 것만 같다. 한 번에 오백여 명의 사절단이 이 섬에서 며칠씩 머물렀다. 돌아올 때도 그랬다. 자료관 뜰의 노송이 알고 있기라도 한 듯 바람 소리를 낸다.

  고려 고종 때 무신들이 힘을 쓰던 무렵이었다. 송중상宋重尙이란 지방의 한 만호가 대마도로 건너가 지배세력이던 아비루

阿比留를 몰아내고 섬을 차지했다(1246년). 송宋 씨와 구분하려 종宗 씨로 바꾸어 종중상宗重尚이라 했는데 후에 섬나라 말로 소 히게시사宗重尚라 했다. ≪동래부지≫에 쓰인 이야기다. 이 종무와 맞선 것도, 교지를 받아 든 것도, 임진의 전화에 왜군의 선봉에 선 것도, 조선 사신을 맞이한 것도 소 히게시사의 후손이었다. 메이지 일왕에 복속될(1868년) 때까지 육백여 년간 섬의 주인이었던 종가宗家는 어인 일로 지금 자취가 묘연한가? 지금도 이 섬에 숱하게 사는 아비루阿比留란 이름의 사람은 누구일까? 일본 왕자의 스승이 된 백제사람 아직기阿直岐와 같은 분파의 후예라는 말이 전해온다. 오래전 집 나간 사람들이었던가?

수평선 너머로 잠겨가는 대마도를 바라보다 눈을 감는다. 황희정승이 세종대왕에게 아뢴 말이 귓전을 때린다. "대마주는 본시 우리나라 땅인데 고려 말기에 나라의 운이 크게 쇠하여 도적을 막지 못해 마침내 왜적이 웅거하는 섬이 되었습니다." 이종무의 수군이 정벌한 이듬해 조선에 복속시켜 달라며 조아린 도주 종정성宗貞盛의 청원서가 떠오르고 조선왕이 내려준 대마태수의 관인이 오롯하다. 여전히 종宗씨 성을 가진 마지막 도주가 메이지 일왕에게 엎드린 충성 서약의 봉서도 스친다. 반도의 바람, 섬의 바람이 얽히고설킨 땅의 소리다.

대마도를 부산시 대마도구라고 했던 식당 여자의 걸걸한 입담이 잊히지 않는다. 사람들이 한 번씩 그렇게 부르기도 한다고 했다. 첫 방문 때 한반도와 마주보는 북쪽 마을 히타카츠比田勝의 여관에서 마주앉은 늦은 저녁상에서였다. 일하던 여자들은 드물게 찾아온 한국 사람이라며 반색을 했다. 겉치레 말이라 여기면서도 감추던 속말을 불쑥 풀어놓는 것 같은 느낌을 받았다. 생경하게 나를 뜯어보면서도 한마디씩 속살을 드러내었다. 섬의 역사는 식량난의 역사였다. 농사지을 땅이 거의 없는 섬의 운명이었으리라. 일본 본토보다 조선에 더 식량을 기대며 살아온 섬이었다고 털어놓는다. 먹을 게 없어 갓난아기를 산에 묻거나 바다에 던져가며 식구 조절을 했다는 애달픈 이야기도 건넨다. 춘궁기에 민들레 흰 꽃씨를 불며 원을 빌었다는 민요 한 구절도 읊어낸다. "날아라, 멀리 날아라, 조선까지 날아가 쌀 가지고 오너라."

파도가 거칠다. 뱃전을 치는 소리에 조선 수군들의 함성이 환청처럼 들리다 끊어진다. 대마도에 볼 게 없었다는 관광객의 무디고 무딘 소란에 파묻혔다. 은행잎을 다시 만진다. 한반도의 잎이다. 마한과 마주한 섬, 마한을 쳐다보며 살아온 사람의 섬, 마한의 섬이었으련만 이번에도 나는 내 고토에서 못다 한 노래를 삼키며 귀로에 오른다. 정녕 다하지 못할 노래이던가. 대마의 바람은 오늘도 불어가는 반도의 바람이다.

2012. 11.

세종대왕님 가라사대

 세종대왕님이 자신의 이름을 붙인 세종시란 도시를 두고 야단법석이 났다는 소문을 듣고 시종을 내려보내 자초지종을 알아보라 분부하셨습니다.

 대왕마마. 노하지 마십시오. 대왕님의 시절인 조선과는 달리 지금은 임금의 씨가 없다고 합니다. 백성이 번갈아 가며 임금 노릇을 하는 희한한 일이 벌어지고 있었습니다. 그것도 백성들끼리 편을 갈라 서로 자기편 사람을 임금으로 뽑으려고 싸움질로 지새운답니다. 그게 선거라고 했는데 이름 붙이자면 임금님 선발대회였습니다. 세상천지에 얄궂은 일을 보고 왔습니다. 대왕마마처럼 평생토록 왕 노릇 할 수 있는 것이 아니고 겨우 오 년만 하고는 또 새로 뽑는답니다. 대왕님과 같은 성군이 뽑혀 서너 번 오래하는 것도 나랏일에 좋을 텐데도 그 꼴은 참지를 못한답니다. 한 번밖에 못 해먹는 임금 노릇을 서로 하겠다며 벌이는 싸움질이 기가 막혔습니다. 죽을 판 살 판 하는 통에 말도 제대로 못 붙여 봤는데 보아하니 백성들이 찍은 표라는 걸 많이 차지한 사람이 임금이 된답니다. 그게 다 민주주의란 말을 붙여놓고 그렇게 한다고 했습니다. 백성에게 잘 보여야 표를 찍어주니 환심만 사려고 안달하는 게 측은하기까지 했습니다. 나라 곳간은 비었는데도 턱도 없는 일을 공짜로 해주겠노라고 백성을 호리고 패를 갈라 싸움을 붙이는 짓을 태연히 합니다. 민주주의라는 게 참 예절도 없고 상하도 없는 상놈처럼 괴상망측하였습니다.

한 백성이 임금님 선발대회에 뽑히고 볼 요량으로 한양의 조정과 임금님 궁궐을 지방의 한 고을로 옮기겠다고 약속했답니다. 무슨 선거 공약이라며 동네방네 떠들어대었습니다. 태조대왕님 이래 조선의 오백 년 도읍지였던 한양의 관아를 한꺼번에 옮기겠다는 거였습니다. 그쪽 고을 사람들이야 살판났다고 온통 야단이었습니다. 그 덕택인지 임금이 되긴 되었답니다. 그런데 임금이 된 후에야 선발대회에서 재미 좀 보려 술수를 친 거라고 참 희한한 입을 열었습니다. 참 어이가 없었지요. 사기 친 임금이라며 몰아세우자 술수로 지껄인 약속을 지킨답시고 정말로 한양을 옮기려 했던 거지요. 다른 쪽 사람들이 들고일어나고 온 나라가 시끄러워졌습니다. 임금 자리에서 쫓겨날 난리통을 겪으면서도 결국은 왕은 한양에 남고 정승, 판서가 촌 고을로 옮겨 나랏일을 보아야 하는 밥도 죽도 아닌 꼴이 되었습니다. 참 기가 막힐 일이지 싶었는데도 공약이란 건 반드시 지켜야 한다는 게 황당했지요. 그 임금은 권위주의를 없앴느니 힘센 코쟁이 앞에서 주눅 들지 않고 자주를 외쳤다는 말도 있었지만 여러 소문을 접해보니 부뚜막에 얹어놓은 아이 같다는 소리도 들리고 왕답지 않은 어깃장 말로 세상을 자주 시끄럽게 한 별난 임금이라 했습니다. 물러나기 직전에는 애걸하다시피 해 북쪽에 갔다 와서는 다음 왕이 꼼짝 못하고 북에 머리를 조아리도록 대못을 박고 왔다고 했답니다. 끝 무렵 처신을 보아하니 그리 청렴한 선비도 아니었습니다.

대추씨 같은 작은 눈으로 손가락질을 늘 받았던 한 백성이 그다음 임금으로 뽑혔습니다. 왕이 되고 갑자기 눈이 커져서 그런지 관아를 시골로 옮겨서는 나라 꼴이 되지 않을 것 같았답니다. 없었던 일로 하고 싶었습니다. 그런데 본인도 표가 탐이나 급한 김에 계획대로 옮기겠노라고 약속해 버린 터였지요. 속앓이만 하고 있을 수 없어 백성들에게 관아를 한양에 두어야 하는 게 옳은 일이라고 털어놓았습니다. 온 백성이 다시 패를 갈라 시끌벅적했지요. 그쪽 고을 백성들이 불같이 들고 일어났지요. 다른 쪽 백성들은 무슨 불도저란 별명으로도 불린 그 임금이 해낼 줄 알았는데 별 볼일이 없다고 쑥덕댔습니다. 더구나 같은 패거리의 두목이 된 여장부 한 사람이 계획대로 옮겨야 하는 게 원칙이라며 어깃장을 놓으니 물 건너간 일이 되었다 합니다. 별놈의 원칙이 다 있었습니다. 전하께서 이전에 맡은 일에 확신이 없는 자가 원칙 잘 찾는다고 하셨지요.

민주주의라는 잡것이 들어와 크고 작은 고을마다 작은 임금들을 만들어 놓았습니다. 대구에도 부산에도 광주에도 작은 임금이 생겼습니다. 무슨 자치라는 말을 붙여놓았습니다. 한양의 큰 임금에게 대놓고 욕하고 대드는 것도 봤는데 기가 막혔지요. 삼족을 멸할 죄인데 그게 바로 자치라며 이죽거리고 있었습니다. 작은 임금이라도 왕 노릇 해보니 기가 막히게 좋아 오래오래 하고 싶어졌답니다. 조정 관아가 옮겨 갈 그 고을은 원래 양반 고을로 이름이 난 곳이었지요. 처음엔 그 고을 사람들은 옮기면 안 된다는 대추씨 눈 큰 임금님의 말에 일리가 있다고 고개를 끄덕였답니다. 그런데 그 고을의 작은 임금은 한양의 관아가 들어서면 묻어오는 떡고물로 살기 좋아진다고 백성들을 꼬드겼지요. 긴가민가 시큰둥하던 백성들이 거품 물고 삼삼칠박수를 쳐대기 시작했답니다.

한양에서는 정승, 고관대작은 물론 아전들까지 훼방을 놓는 일이 일어났지요. 한양에서 촌 고을로 밥벌이하러 들락거리는 게 싫었던 거였습니다. 두 집 살림에 아이들 서당 글 걱정도 있었지요. 조정이 옮겨오면 천지개벽, 돈방석에라도 앉을 꿈을 꾸던 그 동네의 백성들은 속이 상했답니다. 누가 임금님 집을 옮겨 달라고 했나? 가만있는 사람 들었다 놓았다 하는 한양의 바람잡이들이 더 괘씸했지요. 우리가 핫바지냐며 양반 체면이 무시당하고 꾸겨진 게 더 화가 났다고 했습니다.

　임금님 자리를 탐하는 자들이 웅성거리는 국회라는 집이 있었지요. 모두 싸움 잘하는 바람잡이요 건달들이었습니다. 희한한 건달이었습니다. 임금도 백성도 안중에 없이 조선이 제 것인 양 제 팔 제 흔들면서 기고만장했습니다. 그것도 다 민주주의 때문에 그렇다고 했습니다. 조선의 지도 중에 남쪽만 펴 놓고 좌로 모이고 우로 모이는 작당을 하여 서로 싸움질하는 것밖엔 하는 일이 없었습니다. 다음 임금님 자리 두고 패거리 만들어 술수 부리기에 영일이 없었지요. 입으로만 백성 백성 하면서 결국은 백성들 손에 든 표를 끼리끼리 나누어 먹으며 한양의 조정을 옮기로 야합을 저질렀답니다. 이래 놓고도 어느 땅의 맹주니 어쩌니 하며 거들먹대는 게 가관이었습니다.

　옆 동네, 윗동네, 아랫동네가 더불어 좋고, 조선 땅 온 동네가 좋도록 조정 관아의 자리를 정해야 나라가 된다는 백성들의 목소리도 높았습니다. 그러나 듣고도 못 들은 척, 내심 옳거니 하면서도 아니라는 척해야 살아남는 건달들이었지요. 민주주의란 게 만들어놓은 도둑놈 같은 패거리와 부질없는 표라는 요술 앞에 나라의 명운이 춤을 추는 아찔한 세상이었습니다. 그래놓고도 그 고을 이름에 대왕님의 이름을 붙여놓고 태평치세를 만든 것처럼 거들먹대고 있었습니다. 대왕마마!

시종의 말을 전해 들은 대왕님 긴 한숨을 쉬었습니다.
세종대왕님 가라사대,
짐이 지금 조선의 땅을 내려다보고 심히 화가 났느니라.

"나랏말쏘미 듕귁에 달아 문쭝와 서르 ᄉᆞᄆᆞᆺ디 아니홀씨 이런 젼ᄎᆞ로 어린 ᄇᆡᆨ셩이 니르고져 ᄒᆞᆯ배이셔도…."

짐이 훈민정음을 창제한 뜻을 너희가 감히 안다고 하느냐? 늘 북녘을 바라보며 나라의 자주와 자손만대 백성의 번성을 바라서였느니라.

그때는 조선의 갈 길을 틀어쥐고 있는 대국은 명나라뿐이었느니라. 지금은 보아하니 온갖 오랑캐 나라들이 귀신처럼 달라붙어 있고 너희도 먹고살기 위해 오랑캐 말까지도 배워 잘도 주절대더구나.

답답한 자손들아. 나도 조선 땅이 제법 큰 줄 알았는데 여기서 보니 좁디좁다. 그 좁은 땅에서 서로 임금 하려 편 가르지 말고 머리 쳐들고 제발 멀리 내다보아라.

민주주의 좋은 줄 이제 나도 좀 알겠는데 하려거든 제대로 하려무나. 지금 너희가 골고루 발전 어쩌고 하는 이야기 맞는 말이다. 고조선 단군 할아버지 때부터 꿈꾸었던 홍익인간 세상이 원래 그런 것 아니었더냐. 그러나 조정을 옮기는 일은 골고루 망하는 길이 될 수도 있느니라. 애달프다. 육조 관아를 쪼개어서 어떻게 하자는 거냐. 미련한 후손들아. 서로 물고 뜯는 개싸움 하다 내 후손 조선의 왕들이 망하는 길로 접어들었던 그 길로 가게 될까 꿈자리 시끄럽다. 제발 좀 실없는 일로 싸우지들 말아라.

임금과 신하가 만날 길이 멀기만 하니 어찌 그리하느냐? 너희가 도깨비 같은 물건으로 번개처럼 연락한다고 하더라만 자고로 사람은 살 부대끼며 말 섞어야 일이 되는 법이란 걸 모르느냐? 말 타고 다니느라 세월 다 보내고 나랏일 언제 할까 싶다. 가화만사성이라고 잘도 써 붙여 놓고는 정승, 판서에 딸린 참의, 좌랑에다 수많은 아전하며 졸개 벼슬이 홀아비 될 듯 말듯 한데 뭐가 되겠느냐? 그래놓고도 나랏일을 성심껏 하기를 바라느냐 후손들아. 내 눈이 캄캄해진다.

북녘 지도를 펼쳐 들면 누가 잡아먹나? 만주 쪽의 광야를 보아라. 짐이 북쪽의 육진을 개척하며 노심초사하였거늘 내 후손 효종이 북벌의 뜻을 품은 적이 있었던 후로 밑의 자손들은 숫기가 없어졌더구나. 먹을 것도 없는 북쪽은 백성이 죽어 자빠져도 칼을 갈고 있고, 되놈들이 동북공정이란 이름을 붙여 조상 만대의 흔적을 지우려 작심하고 덤비는데, 남으로 궁둥이 뺄 생각만 하느냐? 이제 반도에서도 밀려나 바다에 처박히고 싶으냐? 바다로 쫓기던 삼별초를 잊었느냐? 삼전도에서 머리 조아린 인조의 한을 잊었느냐?

답답하구나. 재미 보려 한 일이 창대하게 되었구나. 재미 많이 보거라.

그런데 그 고을에 웬 내 이름을 끄다 붙였느냐? 무엄하도다. 고얀 놈들, 끝내 옮길 요량이면 내 이름 빼라.

나는 한양에서 북녘을 보며 살련다.

2011. 2.

이십 년

 우편함에 연하장 한 장이 들어 있다. 이노우에 요시타카井上良隆 씨다. 안 그래도 지난 연말에 연하장을 보내려다 그만두었다. 겉치레 입 인사 말고는 적을 말이 없기도 해서였다. 1월 중순에 도착했으니 그도 나처럼 망설이다 해가 바뀌고 보냈나 보다. 처음엔 많은 이야기를 적어 보내더니 수해 전부터 누구나 볼 수 있는 한 장 엽서에 몇 마디 적어 보냈다. 올해는 다시 밀봉한 연하장이다. 봉투도 분홍빛이다.
 오랜만이라는 안부 인사를 시작으로 올해 58세가 되었고 아들은 15세, 중학 3학년이 되었다고 한다. 세월이 참 빠르다며 내가 히로시마에 왔던 게 1995년이라며 20년이 되었다고 알린다. 그때가 그립다고 한다. 그다음이 요지인 모양이다. "최근 양국관계가 이전보다 나빠지게 되어 유감이지만 나와 하 선생의 우정은 영원합니다."라고 썼다. 다시 만날 때까지 늘 건강하시라는 말로 끝을 맺었다. 나보다 연하라 깍듯하다.

이십 년이라니. 나는 무심코 새해를 맞이했는데 셈을 했나 보다. 깨알같이 또박또박 쓴 이노우에 특유의 필체다. 하고 싶은 이야기를 감춘 듯한 여운 속에 그를 비롯한 몇 사람의 얼굴이 떠오른다.

1995년 봄날, 총무처의 해외연수 프로그램으로 히로시마시에 건너갔다. 그때 공항에 마중나온 사람이 이노우에 씨다. 시청 국제협력과 직원으로 일본에서 처음 만난 사람이었고 내 연수활동 지원업무도 그가 담당했다. 내가 거처할 아파트까지 동행하면서 조심스럽게 마음을 쓰던 얼굴이 떠오른다. 머물던 동안 내내 내겐 소심할 정도로 다정다감했다. 인연은 이어졌다. 내가 귀국하여 대구시의 국제협력 업무를 담당하게 되었다. 그전부터 말이 오갔던 대구시와 히로시마시 간의 자매결연 업무를 협의할 양 도시의 담당자로 다시 만났다. 두 도시가 바라는 협력 분야가 다르고 불거져 나온 독도 문제 등으로 쉽지 않았다. 이 년간의 협의 과정이 길었지만 전화기 너머 목소리만 듣고도 서로 일 형편이나 기분을 알아챌 정도로 인간적으로 더 가까워진 사이가 되었다.

히로시마 하면 떠오르는 또 한 사람이 J 씨다. 처음 히로시마에 도착하던 날 어둠이 내릴 무렵 나를 찾아와 수줍게 명함을 내밀던 아가씨였다. 온통 낯설기만 한 첫날, 식당에서 저녁을 같이하면서까지 내내 그곳 이야기를 들려주며 날 안심시키려 마음을 쓰는 눈치였다. 삼십 대 초반의 풋풋한 머릿결이 보기 좋았다. 거리엔 낯선 꽃이 봄비를 맞고 있었다.

그때 그녀는 내가 일할 국제담당 부서에서 한국어 통역 일을 맡고 있었다. 늘 도움을 주려 애쓰며 내 거동을 살피는 것처럼 관심을 보였다. 때로 소심증에 걸린 것 같은 일본 사람들이라 그녀가 그리하도록 바랐던 것도 같았지만 아닌 듯도 했다. 설령 그렇다 하더라도 그보다도 더한 정을 내었다. 그녀는 가끔 얼굴에 뭔가를 갈구하거나 뭘 잃어버린 것 같은 표정을 했다. 모천으로 회귀하지 못해 떠도는 연어처럼 모국에 대한 동경과 상실감의 가슴앓이 같은 것이었다. 돌아오던 날 공항까지 바래다주고는 이슬처럼 젖은 눈시울을 감추며 돌아서던 J의 얼굴은 히로시마 땅에서 내내 뭉글거리던 내 행적의 한 그림자였다. 가랑잎이 날리고 있었다.

좀체 손님을 집으로 부르지 않는 일본 사람이라지만 두 사람에게 초대받은 적이 있다. 이노우에 씨는 같이 시청에 다니는 아내와 단 둘뿐이었다. 일요일 점심이었다. 요리를 만든 정성이 묻어났지만 처음 대하는 일본의 가정요리여서인지 내 입에는 맞지 않았다. 부인의 정이 넘쳤는지 너무 달았다. 맛보다 살갑게 대하는 정에 붙잡혀 먹었다고 하면 섭섭해 할 테지만 지금은 고백해도 허물할 일은 아니지 싶다. 날 위해 만들었다며 반찬 두어 가지를 가방에 넣어주던 두 사람의 정은 잊을 수 없다. 오후에 셋이서 함께 오른 산에서 바라본 세토나이瀨 戶內 바다 풍정이 참 좋았다는 기억도 난다.

J 씨 아버지의 생일이라 했다. 초대받아 갔더니 경주의 내 자랐던 곳에서 두어 산 고개 너머 영천 산골이 고향이라고 했 다. 딸에게 전해 들었는지 고향 사람 만난 양 활짝 웃었다. 다 다미방에서 빈대떡이며 파전 같은 한국 음식도 차려놓은 게 모양도 맛도 생경했지만 뭉클했다. 가끔 그렇게 만들어 먹는 다고 했다. 모처럼 매콤한 음식을 먹었다. 나보다 열두어 살 연배인 그는 인사말을 떠듬거리며 서투른 우리말을 민망스러 워했다. 그녀의 어머니도 그랬고 동생들도 말을 모른다는 얼 굴이었다. 생일상의 대화에 실종된 모국어는 내 입속에서만 맴돌았다.

두 사람 모두 우리 집에도 다녀갔다. 자매결연 뒤 양 도시의 축제 때 예술단을 이끌고 서로 방문하면서 자주 만났지만 집으 로 부를 짬은 없었다. 어느 해 늦여름 J는 혼자 놀러 와 우리 집에서 하룻밤을 아쉬운 양 보내고 떠났다. 아내와 아이들이 히로시마에 왔을 때 함께 나들이한 적도 있어 서로 낯설지 않 았다. 그녀가 내게 베푼 인정을 아는 아내는 조촐한 환영의 저녁상을 정성껏 마련했다. 잔을 부딪치며 오랜만에 말을 풀 어내었다. 다음 해인가 부모님과 함께 다시 왔을 땐 해인사 구경을 했다. 절집 기와 불사에 원을 쓰고는 총각귀신 다 어디 갔느냐며 그녀의 어머니가 긴 날숨을 쉬었다. 나이 찬 딸 걱정이 컸다. 동포끼리 짝 맞추기 어렵다고 들은 말이 있어 괜히 남의 일 같지 않았다. J 씨라면 괜찮은 일본 총각도 나설 테지만 고집스럽게 그쪽으로는 마음을 두지 않는 것 같았다.

이노우에 씨는 중학 3학년이 되었다는 아들이 두 돌을 지났을 무렵 가족이 함께 놀러 왔다. 아내가 내놓은 요리 품평을 이노우에는 어떻게 했을지 궁금하다. 말로야 맛있다고 몇 번이나 했지만 내가 감추었던 것처럼 그의 속말을 듣고 싶어진다. 분명 내 아내 솜씨가 좋지 않았을까 싶다. 왜냐하면 아내의 손맛에 그의 아내가 부러운 눈을 했기 때문이다. 대구의 이곳저곳, 경주를 둘러보며 이틀을 보냈다. 수성호텔의 창밖으로 바라본 야경이 참 좋아 대구가 더 정이 간다고 했던 말이 떠오른다.

다시 연하장을 읽으며 이십 년이 되었다는 말을 되씹는다. 연초부터 올해가 한국으로서는 광복 70년, 일본으로서는 종전 70년, 양국 수교 50년이라고 신문 기사가 떠든다. 지금의 경색된 양국관계에 뭔가 돌파구를 마련해야 하지 않느냐는 뜻이지만 돌직구만 서로 날리는데 될 성싶지도 않은 소리다. 이십 년 전 그 해는 종전 50년이었다. 두 나라가 독도 문제로 날을 세우며 수시로 티격태격은 했지만 무라야마村山 담화가 나온 터라 그래도 점잖은 싸움을 했다. 교과서 왜곡, 위안부 문제도 있었지만 지금처럼 첨예하지는 않았다. 그 담화를 팽개치려는 일로 두 나라가 바싹 마른 장작처럼 변했다.

그해 8월 6일, 히로시마 원폭 50주년 추도식에 일본 천황과 무라야마 총리가 참석했다. 나는 그때 같이 근무하던 미국, 캐나다, 독일에서 온 친구들과 함께 평화기념공원의 식장에서 내빈들에게 통역기를 배부하는 일을 돕고 있었다. 먼발치 앞을 지나가는 왕의 입장을 지켜보았다. 일장기 물결이었다. 천황, 천황 하는 말이 거북해 속이 꼴려 있었다. 끝나고 보니 통역기 몇 개를 회수하지 못했다. 이글거리는 더위가 장난이 아니었다. 나무 그늘로 옮겨서 확인 작업을 하자는 말에도 책임자는 요지부동, 그의 부하 직원도 말이 없었다. 융통성이 없는 건지 뙤약볕 그 자리에서 한 시간도 넘게 참석자 명단을 일일이 대조하고 행방을 확인한 후에야 끝났다. 현기증이 나려 했다.

체한 것처럼 기분이 꺼림했다. 미국 친구 얼굴 보니 가관이다. 땀범벅이 되어 허옇게 쓰러질 듯한 얼굴이다. 원폭 때려놓고 꼴좋다 싶었다. 점심이라도 먹자고 할 줄 알았더니 그냥 해산이다. 우리 같으면 큰 행사 끝난 후 으레 그럴듯한 밥이 따라오는데 국물도 없었다. 그날 아침도 남아 있을 줄 알고 열었던 빈 밥솥을 들여다보다 빵 하나 사 먹고 나왔는데 허기지려 했다. 집으로 가는 길 가로수의 매미 소리도 거치적댄다. 지이랄 찌이랄 지랄 찌랄 지랄 지랄 지이랄…….

지난해 늦여름 J 씨가 연락을 해왔다. 오래 뜸하였는데도 목소리는 그대로다. 일로만 한국을 찾았는데 이번엔 부모님과 친척집에 다니러 왔다며 내 사는 일을 궁금해했다. 호텔에서 만난 J 씨의 부모님은 세월을 더 짊어진 얼굴이었다. 목주름이 가늘게 잡힌 그녀의 나이도 오십이라 했다. 세 살 땐가 보았던 아들은 소학교 4학년이 되어 있었다. 방학숙제라며 노트에 일본 글자를 세로로 내리쓰고 있는 게 더 낯설었다. 아버지를 따라 네 자 이름이었다.

그녀는 나를 오라버니라고 부른다. 부를 이름 찾기가 마땅찮아서이기도 하겠지만 그렇게 부르고 싶어 했다. 언젠가 엽서에 적어 보내온 후부터였다. 멋진 여자가 오빠라 하는데 얼씨구 넙죽 받아 기뻐하면 될 일을 그냥 머뭇거린다. 오빠 노릇 어찌하랴 싶었다. 그녀의 어깨에 쌓인 히로시마 하늘의 무게까지 받쳐 드는 속 깊고 넓은 오라비가 될 힘이 없기 때문이다. 앙다붙은 두 나라의 실랑이로 그쪽 사람의 험한 삿대질에 망연해 하는 동포들이다. 모국이 이들을 품지 못하는 것처럼 내가 어찌 그녀의 심사를 헤아리랴 싶다. 하지만 오라버니 소리가 싫지는 않다.

우리 것이 먹고 싶다고 해서 애써 찾아들어선 칠성동 할매 콩국수 집에서였다. 그녀가 던진 말이 귓전에 맴돈다. 우물 같은 깊은 눈으로 나를 넌지시 바라보더니 한국엔 나 같은 동포 여자들 사는 일은 안 보이고 위안부만 그렇게 중요하냐고 웃었다. 멍든 말이었다. 콩국수 한 그릇의 오라비 노릇 겨우 할 뿐 해줄 말이 없었다.

이노우에 씨에게 답장을 해야 하는데 뭘 쓸까 망설인다. 그가 모처럼 우정이란 말을 듣고 나왔기에 더 그렇다. 나라가 이런데 우정이 이어질까 싶은 우려 때문이다. 그도 오늘이 염려스러웠던 모양이다. 서로 오가기도 한 일은 무슨 의미였는지, 원폭에 희생된 이만여 명의 동포는 뭔지, 어깨를 누르는 역사의 무게가 버겁다. 바다를 사이에 두고 이전의 수많은 사람도 그랬을 것이고 나 이후의 사람들도 연하장에 쓸 말을 고르느라 때로는 서로 머뭇거려야 할 일이 숙명 같은 것인가 싶다. 봉투는 분홍색으로 정해 놓았다. 어쨌든 분홍색 글을 써 보내야 하지 않겠는가.

J 씨와는 서로 무소식이 희소식이라 여기고 있으니 굳이 분홍색 봉투를 보내지 않아도 될 터이다.

2015. 1.

2부

목련은 달을 이고
봄꽃 하나 붙들려 했는데
가을 장미
길 묻는 일
손자 생각, 할배 생각
금강산 처녀
군에 갔다 온 남자에게
사야가沙也可의 노래
견공의 생각
휴전선의 봄, 그 고무줄놀이

목련은 달을 이고

 영등할멈 심기가 올핸 더 시리고 거칠었다. 옷깃의 한풍에다 마음 깃을 흔드는 말풍이 심란하고 차가워서다. 이 땅의 허리춤에 엉거주춤 걸려 있던 휴전, 그 언약이 난감해져 가니 살길이 어찌될지 알 듯 모를 듯하다. 총질처럼 던져대는 말바람에 꽃바람이 흩어질까 조바심난다. 나간 김에 아내가 두부 한 모 사 오라고 한다. 그렇지, 먹어야 힘을 내지.

 천지간의 나뭇가지에 움이 솟는다.
 소리도 없는데 수런거린다는 말로 사람이 소리를 만든다.
 하늘 건너온 빛화살에 만상이 뽀얗게 흰 춤을 춘다.
 어찌 벽 안에 머물러 있을 수 있으랴.
 나, 미물의 감각은 태고로부터의 질서를 찾아 나선다.

집 뒤 공원 나무 사이를 어슬렁거린다.
하루 사이. 그 사이에.
하얀 꽃봉오리가 터졌다. 여린 목련꽃이다.
어제 이맘때엔 꿈쩍 않던 꽃망울도 부풀어 존재를 알린다.

햇살 속에 선다. 초속 30만 킬로라 했던가. 시간 속에 서는 일이다.
시간을 타고 망울이 터져 부푸는 생의 한순간을 재어보려 감히 덤빈다.
미동도 없이 째려보아도 스쳐 가는 바람뿐 요요하다.
빛의 속내를, 나와 꽃에 파고든 빛의 비밀을 알아낼 재간이 없다.
한 바퀴 휘적대다가 다시 쳐다보면 봉오리는 더 커져 있어 보인다.

가지 위쪽 목련꽃 몇 송이 푸른 하늘에 더 희다.
얼핏 그 너머 창공에 가녀린 흰빛 한 점 눈에 들어온다.
꽃인가 했더니 달이다.
동녘 중천에 여인의 윗입술 같은 초아흐레 상현달이 목련꽃에 걸렸다.
늦은 오후의 마술 같은 햇살 속 꽃달을 품은 목련은 더 고고하다.

"목련꽃 그늘 아래"를 흥얼댄다.
이 노래를 타고 내 젊은 한 시절의 봄이 오갔다.
문득 살펴보니 목련꽃 아래엔 그늘이 없다. 아니, 면사포 떨림 같은 그늘이다. 먼 길을 걸어와 이제야 깨닫는다.
그림자도 제대로 드리우지 않는 하얀 천녀天女 같은 꽃잎인 것을.
시인은 왜 목련꽃 그늘 아래서 편지를 읽고, 긴 사연의 편지를 쓴다고 했던가.

꽃달 되어 하늘로 떠난 목련 꽃잎 다시 쳐다본다.
빛을 타고 떠난 목련 꽃잎 같은 그리운 사람 하나, 둘, 셋….
나도 억겁 봄 하늘에 사연을 띄워 보내고 싶은데,
내 봄은 날 두고 휘적휘적 또 하늘을 건넌다.

놀이터에서 아이들이 햇살처럼 재잘거리고, 볕을 찾아 나온 백발의 황혼들이 의자에서 존다. 젊은 여자 둘 개를 데리고 나왔다. 목련꽃 쳐다보며 줄곧 서성대는 내가 얄궂었는가 보다. 힐끔거리며 말꼬리를 흘리고 지나간다. 이 봄의 안일이 헛헛해 병자처럼 나는 애가 타고, 이 뽀얀 봄빛 틈새를 비집고 불화살처럼 반도에 날아드는 드센 칼 가진 자들의 말이 어렵고 아프다. 목련꽃 위에 이우는 꽃달에도 말 건넬 수 없는 시절이라도 오면 어쩔까 싶다. 하늘 쳐다보다 내 할배의 할배, 할매의 할매에게 이 무력감을 뒤집어씌우고 싶어진다. 어쩌다가 반도에 터를 잡았느냐고.

'야 이 녀석아, 금수강산이라 할 때는 언제고. 그래도 봄은 왔지 않느냐. 두부 사 들고 집에 가거라. 된장 끓인다며. 힘내야 편지질도 하지.' 바람이 소리를 지른다.

2018. 4.

봄꽃 하나 붙들려 했는데

 실개천 둑길은 아예 노란 물감을 짜내어 문질러 놓은 풍경이다. 위쪽 계곡물을 받아 가두며 둑은 촌로의 등처럼 휘어져 들녘을 감싸 돈다. 고목들의 뒤얽힌 가지들이 바람을 막고 섰다. 버짐 같은 껍질을 덕지덕지 세워 달고도 수줍은 양 여린 솜틀 꽃을 달았다. 바람에 실린 새소리가 정겹다.
 아침 신문을 뒤적이다가 훌쩍 나섰다. 의성 산수유마을 꽃소식에 끌려서다. 벼르기만 하고 몇 해나 미루기만 한 터였다. 겨울 끝머리의 찬바람에도 남 먼저 봄을 알리는 꽃이라 애틋한 정이 쌓였다. 마을 초입에서부터 여린 노란색에 빠져든다. 개나리가 요염한 처녀 같은 꽃이라면 산수유는 수더분한 아주머니 같은 꽃이다. 멀리서 바라보아야 묵은 얼굴이 보이는 꽃이다.
 산수유 그림 한 점 마무리에 요즘 헤맨다. 그리다 만 채다.

이전에도 봄을 붙잡아두려 몇 점 그려보았으나 돌아서면 영 아니었다. 글쓰기만큼이나 그림 소재 찾기도 어렵다. 어쩌다 그림 괜찮다는 입평에 홀려 무턱대고 그렸다. 아둔했으니 대들었고 아직 턱없다는 말귀인 줄 못 알아들었다. 거기에다 갖고 싶은 눈치를 보내는 몇 지인에게 보내기도 했다. 갈수록 붓질은 무뎠다. 뭔가 담아내지 못한다는 허함과 아쉬움을 떨치지 못했다.

둑길에 봄 햇살이 뽀얗게 춤춘다. 이런 군락지의 산수유가 그리웠다. 집 가까이에서 만나는 한두 그루만으로는 화폭에 차지 않았다. 몇 곳 군락지의 사진 풍광에 들떠 흉내를 내기는 했다. 둑이 휘어 돈다. 문득 낯익은 고목들의 풍치에 걸음을 멈춘다. 사진으로 만난 곳이다. 수령 이백 년도 넘는다는 나잇살의 위세가 당당하다. 늙은 뿌리가 제방을 움켜잡듯 엉켰고, 굵은 줄기는 휘감기고 비틀어지며 하늘로 뻗는다. 내 그림과 견주며 한참을 살핀다. 노회한 군락의 꽃무리는 나와 다른 이야기를 풀어헤치고 있었다. 알아챌 수 없는 속살거림이 바람을 탄다.

용케도 산수유축제 개막 전날에 발길을 맞추었다. 만개의 꽃이 계곡을 메웠다. 봄바람의 부산함이 화전리 마을 초입에 가득하고, 성급한 나들이객으로 둑길은 색색으로 싱그럽다. 소쿠리 같은 산협에 갇힌 좁은 들녘이다. 기슭 안쪽에 작은 마을이 들어섰고 꽃길 제방 주변엔 온통 마늘밭이다. 봄 햇살

속 연초록의 마늘잎이 노란 산수유와 정분 낸 듯 하늘댄다. 천지가 빚어낸 색의 조화가 자지러진다.

 십 리 남짓 거슬러 올랐다. 산기슭 전망대에 올라선 풍경은 가히 노란색의 파노라마다. 걸어온 제방 둑에도, 밭둑 비탈에도, 산허리에도 온통 구름처럼 피어올랐다. 숲실마을이라고 불리는 이름 그대로 꽃동네다. 촌로에게 물었다. 좁은 계곡의 잦은 홍수로 먹고사는 일이 막연한 마을이었다. 약재도 얻고 방천이 유실되지 않도록 심은 나무였다고 한다. 고목이 된 지금, 이제는 마을의 살림 밑천이 되었다며 으쓱댄다. 전국 산수유 열매의 삼 할이 이곳에서 나오고 유명 관광지가 되었으니 이만한 데가 어디 있느냐고 한다. 그럴 만도 했다.

 긴 렌즈의 사진기를 멘 사람들이 숲을 쏘다닌다. 풍경을 훔치는 이들이다. 옆에 붙어 명당인가 싶어 같은 곳을 따라 찍는다. 그림 소재감 하나 기대하지만, 어찌 이 태깔과 질감을 잡아낼 수 있을까 보랴. 턱없는 일인데도 짐승처럼 미련을 둔다.

 산골 위쪽, 낡은 저수지 하나 계곡물을 가두었다. 화곡지라 했다. 건너편 둔덕의 산수유 숲이 물속에 거꾸로 선 채 노란 물빛으로 일렁인다. 반짝이는 윤슬이 고기떼가 튀는 것 같다. 축제를 앞둔 마을부녀회의 먹거리 마당에서 막걸리 한잔을 받았다. 짜릿하게 속을 훑었다. 천막 차양엔 봄볕이 무너져 내리고 있었다. 옆자리 젊은 두 아낙이 조심스럽게 건네준 잔을 또 거푸 마셨다. 내 점심으로 받은 모두부 양이 많아 건네준

데에 대한 답이었다. 그 여운이 아직 저릿하다. 함께 걸어 올라왔다. 두런두런 붙임성 있는 두 여자의 세상 사는 말도 봄바람처럼 일렁였다. 천지를 물들인 노란 꽃구름에 싸인 두 잎 꽃녀가 슬쩍 내 춘심을 건드린다. 그리지도 잡지도 못할 봄은 산촌에 그렇게 내려앉아 있었다.

두 달째 이젤에 얹어놓은 채인 그림을 어찌할까 싶다. 깜도 못 되는 걸 좋아하리라 여겨 떠나보낸 것은 세상모르고 던진 내 허물이었다. 갈수록 어렵다는 걸 알아챘다. 그림이 나를 들여다볼 수 있는 길일까 여겼는데 멀리서 아롱거리기만 한다. 취미일 뿐이라고 내세우면 그만인 것을 자꾸 용을 쓴다. 제풀에 꺾여 아픈 허리 핑계를 대며 몇 달째 붓이 게을러졌다. 어릴 때 품었던 그림의 꿈은 작은 글쟁이 되는 일로 해몽을 하고 깨어나야 하려나 보다.

숲실마을 산수유나무엔 골짜기를 훑어간 바람이 쌓였다. 밭고랑에 엎드려 입을 부지한 이들의 숨소리와 땀이 뱄다. 숲을 흔들던 청명한 새소리, 천둥과 소나비 소리, 열매를 털어내는 가을걷이 소리가 창연한 이끼처럼 켜켜이 붙었다. 다시 봄이다. 채 떨치지 못한 지난해의 붉은 열매를 매달고도 노란 새 꽃을 피워낸 가지 하나를 쳐다본다. 생과 멸이 하나인 이 조화를 어찌 그릴 수 있겠는가. 햇살이 꽃숭어리에 억겁의 하늘시간을 실어 나른다. 원래 바라볼 뿐인 일을 가지려 했나 보다.

≪수필문예 17집≫ 2018. 6.

가을 장미

골목길 담장에 가을 장미가 피었다. 지난달 중순 무렵에 한 두 송이 눈에 띄더니 시월 중순이 되었어도 많은 꽃들이 매달려 있다. 마른 잎들은 바람에 서걱거리며 겨우 붙어 있는데 꽃은 제철인 양 피어 있다.

해마다 철 지난 장미가 담장에 피어 눈길을 끌었지만, 이내 시들어 버려 철없는 꽃이라며 지나쳤다. 올해는 한 달이 넘도록 긴 담장에 피어 있으니 느낌이 다르다. 어쩌면 늘 피었던 가을 장미를 무심코 지나쳤다가 이제야 백수의 눈에 띄었는지도 모를 일이다. 매일 두어 번씩 오가며 마주치는 꽃이 자꾸 발길을 머뭇거리게 한다.

며칠 전, 한잔 술로 밤이 이슥해져 들어오던 참에 또 발걸음이 멈췄다. 달밤이다. 어스름 달빛을 받은 철없는 꽃들의 붉은 그늘이 밤하늘에 흩어진다. 누구와 이별을 했는지, 장미의 사랑이 흔들리고 있다. 그건 사랑이 아니고 슬픔이라고. 곧 찬 서리가 내릴 것을 알고도 굳이 피어보지 않으면 안 될 사연이 있는 걸까? 정해진 갈 길이 싫어 가을바람에 까탈을 부리며 누구를 그리워하고 있는 건가?

저마다 사는 일을 생각하며 걷는 길이다. 그냥 세월 셈도 해가며 어정거려야 할 나도 얼굴 내미는 길이다. 크게 영화 볼 일도 없을 성싶은데 수명이 자꾸 길어져 간다고 한다. 누가 장미꽃을 쳐다보며 남은 생이 겁이 나서 너처럼 철 지난 꽃을 달고서 누구를 만나보고 싶다고 했을까? 그 바람을 대신 들어주려 올핸 더 길게 피어 있나 보다.

지난 오월, 봄비가 지나가며 무성해진 초록의 담장엔 지천으로 붉은 장미가 피었고, 몇 군데에선 찔레꽃 무리도 하얗게 피었다. 숨막힐 듯한 두 꽃의 향기에 취해 그때도 여기서 달빛 속을 서성거렸다. 꽃말이 그리움이라서일까? 찔레는 무엇이 그렇게도 그리웠던지 온 향기를 쏟아내며 밤을 물들이고 있었다. 장미와 찔레의 만남, 그건 사랑과 그리움이었다. 제 시절을 살고 갔으면서도 이 가을에 장미는 다하지 못한 사연이 있어서인지 속살이 드러난 담장에 다시 피었고, 찔레는 그리움이 사랑이 되어 붉은 열매를 맺었다.

가을바람은 내 마음을 추억 속으로 실어 나른다. 갈 길이 멀게만 보여 가을 장미처럼 다시 피어나고 싶은 생각이 슬며시인다. 다가올 시간은 알 수 없는 일, 더구나 길동무 만나는 일이 그리 쉬운 게 아니니 생각은 자꾸 지난 시절을 떠올린다.

사람들이 보고 싶다. 해맑고 까만 눈을 가진 초등학교 때의 옆 짝 여자친구, 나를 좋아했던 시골 마을의 그 아이, 중학교 때 통학열차를 매일 같이 타고 다니며 내 가슴을 두근거리게 했던 흰 교복의 여학생, 정들었던 직장 동료들, 그리고 몇 번 옮겨 살았던 옛집의 골목길 사람들이 그립다. 그래도 이성이 더 그리운 건 자연의 섭리일진대 누가 허물하겠는가.

기억의 저편으로 아득해진 사람들을 만날 수 있을까? 보고 싶어도 만날 수 없는 사람이 있고, 만날 수야 있지만 아니 만나고 사는 게 사는 길이라 한다. 설령 만난다 해도 장미처럼 철 지난 꽃을 피워보려는 나의 푼수 짓거리에 살포시 웃기라도 할 것인가. 이불 한쪽이 먼저 비는 날이 오면 남은 이는 긴 시절 보낼 일로 아득해하겠지만, 한 세월 같이 꽃피우며 보낸 짝이 서로 부대끼느라 색은 좀 바랬어도 묵은 향이 짙다.

그렇다. 넝쿨의 줄기만으로 긴 세월 보내기가 적적할지 모르지만, 다시 꽃 피우는 건 애잔한 일이면서 또한 철없는 장미의 노욕이다. 찔레꽃처럼 제철에 멋지게 살면서 그리움도 안으로 삭이고 붉은 열매를 영글게 남기며 갈 길을 가야 할밖에. 풀벌레 울음도 숨어버린 으스름달밤의 가을 장미가 그래도 아름답다.

《수필과비평》 2012. 7.

길 묻는 일

 "요즘은 길 묻는 사람도 없어." 옆 노인장이 불쑥 혼잣말처럼 내뱉는다. 동의를 구하듯 힐끗 날 본다. 산행길의 중간쯤으로 산 아래가 멀리 트여 모두 땀을 식혀 가는 곳이다. 나도 그도 배낭을 풀어 허기를 때우고 있었다.

 뜬금없다 싶어 쳐다보는데 앞쪽에 앉은 청년들을 보고 하는 말이었다. 비탈길 억새 사이에서 휴대폰을 내려다보고 있다. 산에 함께 오르고도 서로 눈길은 옆이 아니고 앞으로 더 쏠린다. 손에서 떼어내면 죽기라도 할 듯 기를 쓰고 가지고 다닌다. 제 갈 길 거기에다 묻고는 다 찾아 가버리니 나 같은 사람에게 길 물을 일이 있겠느냐며 일갈한다.

 요물이라고 할 수밖에 없다. 날로 돌연변이 튀어나오듯 얼굴 바꾸며 출현하니 사는 일이 때론 어지럽다. 사람의 일을 앗아 간다고 술렁댄다. 제가 만들고도 어쩌지 못하며 속만 태우는 소리가 들린 지 오래다. 길 묻고 답해주는 정분도 그놈에게 빼앗긴 일에 포함된 것을 산중에서야 불현듯 알아차린다.

"어르신, 길 좀 묻겠습니다." 이전에는 자주 주고받던 말이다. 시골의 마을 어귀에서, 장터의 갈림길에서, 도시의 한길이나 골목에서, 낯선 객지의 길 위에서 오가던 말이었다. 호칭이야 할아버지, 할머니, 아저씨, 아주머니로 바뀌기도 했지만 그게 사는 정이라 했다. 두리번거리다가도 지긋한 쪽을 찾아 먼저 묻는 게 몸에 밴 눈치였다. 때로는 저쪽 노인에게 물어보라는 말도 듣곤 했다. 나이 많은 사람이 잘 알 것이라는 믿음이 구들장처럼 훈훈했다.

말씨가 기이했다. 등짐을 메고 사립문에서 손짓 발짓해가며 할머니에게 말을 걸던 낯선 아주머니가 지치고 남루해 보였다. 토담 옆 늙은 감나무에 매달린 감 몇 개가 더 붉게 빛을 내던 해거름이었다. 육지로 물건 팔러 제주도에서 왔다고 했던 것 같다. 길을 묻던 끝에 하루 묵어가기로 이야기가 겨우 된 모양이었다. 짐 보퉁이에는 알아들을 수 없는 말 만큼이나 낯선 물건들이 삐죽이 보였다. 그 아주머니에게 저녁상까지 내어주던 기억이 남아 있는데 예전에는 그랬다. 과객의 하룻밤 유숙의 청을 물리치지 않는 풍속이 세상을 묶어주었다.

길 묻는 사람이 확연히 줄고 있다. 내게도 어쩌다 가뭄에 콩 나듯이 물어오는 이가 있지만, 어깨가 후줄근하거나 자분치가 희끗거리는 사람이다. 학생이나 청년들은 좀체 없다. 젊은 이들과 말 나눌 일이 그만큼 또 없어지니 갈수록 다른 세상 사람처럼 서로 그렇게 여긴다. 노년이 된다는 건 우두커니 길가에 선 장승이 되어 간다는 것일까도 싶다.

낯선 곳을 찾아갈 때면 나는 차창을 열고 길을 물을 때가 있다. 눈앞에 젊은 여자가 꼬리치듯이 잘도 가르쳐주는데 왜 그러느냐는 아내의 힐난에도 고개는 연신 밖을 힐끔거린다. 나긋나긋한 말을 믿으면서도 가끔은 시원찮은 것 같아 자꾸 길 가는 사람 잡고 묻는다. 그래야 안심이 된다. 요물과 친하지 못해 생긴 울렁증이라 여기지만, 제대로 따라가는 일이 억지스럽다.

한동안 비실대며 뒤 공원을 쏘다니는 젊은이들이 뭣에 홀린 것 같았다. 요물 안에서 나타난다는 희한한 요괴 때문에 그런다고 했다. 그걸 찾아 쳐부수는 재미에 길을 넘나들며 쫓아다니다 넘어지기도, 차와 부딪치는 사고도 여러 번이라며 말이 많았다. 요물은 길 가르치는 일로도 성에 차지 않았는지, 자꾸 사람을 호린다. 증강현실이라는 그쪽 세상과 접신하는 무당처럼 떠돌더니 이제는 정신이 돌아온 것인지 뜸하다. 한번은 훔쳐보다가 이승이 아닌 다른 세상의 꼴이 그럴까도 싶어 화들짝 했다.

한길가에서 가구 수선 일을 했다는 노인장, 그땐 일 바쁜데 길 묻는 사람이 성가시기도 했는데 지금은 그것도 그립다고 한다. 오래전에 일도 접었고, 짝도 먼저 떠나 홀로 산에만 온다고 한다. 거푸 마시다 내게 내미는 막걸릿잔에 외로움이 담겼다. 따라가기 벅찬 세상에 대고 분기를 삭이고 있는 것도 같았다. "휴대폰 가지고 다니는가요?" 궁금증이 일어 물었다. 얼굴도 잘 안 내미는 아들놈, 전화로는 가끔 날 찾으니 그나마 다행 아니냐며 웃는다. 요물이 덜 된 폴더폰을 꺼내어 만지작거린다. 길 묻는 것만 아니고 사는 길도 휴대폰을 뒤지며 답을 구해내는 탓에 모두 아비 어미 찾을 일도 더 없어지는 것 같다고 했더니 헛기침을 한다. 둘이서 허하게 웃었다. 뿌연 송홧가루가 비탈을 타고 계곡으로 날리며 사라진다.

날로 진화하는 요물이 사람의 마음마저 따라잡는다고 뒤숭숭하다. 나잇살로 얼굴 세우고, 더러는 이정표 같은 말로 올려다보는 눈빛을 받기도 했는데 이제 어찌될까 싶다. 마음놓이는 일이 하나는 있다. 나나 젊은이나 제 몫의 사는 길 어디쯤 와 있는지는 그 요물들도 아직은 모를 것이라는 여유다. 차만 타면 정을 주는 입심 좋은 여자도 그것까지 알 턱이 없다는 안도감이다. 그마저 알아버리는 날엔 세상은 검은빛이지 싶다.

길 묻고 답하던 일이 그리워지는 것은 사람 사는 냄새를 맡고 싶어서일 터이다. 길손에게 잘 곳을 내주던 일은 전설이 되어 아물댄다. 내 안에 여전히 젊은이에게 드러내 보일 수 있는 몇 줄 이정표도 있건만, 애써 감추며 입 다문 장승이 되어야 하는 건가. 비록 천기天氣의 오작동이라 수런대지만 순서도 없이 길가에 쏟아진 봄꽃아, 그래도 반갑다. 내가 너에게 내 길을 묻는다. 편하다.

≪수필과비평≫, 2017.6.

손자 생각, 할배 생각

 알갱이 아이스크림이라 했다. 아무거나 먹인다고 할까 싶어 사달라는 걸 주저하는데 손자 녀석이 골라 쥔 거다. 탁자를 마주하고 앉았다. 대구타워 전망대에서 시가지를 내려다보며 한 바퀴 휘젓고 난 뒤라 입이 심심했던 모양이다. 뚜껑을 열어 젖히고는 날 쳐다본다.
 "할아버지, 먼저 먹어요."
 통에 붙은 작은 숟가락으로 아이스크림을 떠서는 내 입으로 가져온다.
 "아니야. 동현이 먹어. 할아버진 안 먹어도 돼."
 "할아버지 먼저 먹으라고. 빨리 빨리이." 두어 번이나 재촉한다. 녹는다는 말이다.
 "그럼 너 먼저 먹고 할아버지 줘." 마지못해 제 입으로 넣는다. 그리고는 다시 떠서 내 입에 가져온다. 한입 받아먹으니 씩 웃는다. 한 통 먹는 새에 나를 살피며 자꾸 손을 내 앞으로 내민다. 녀석, 할아버지가 먹고 싶은 줄 알았나 보다. 일곱 살이다.

내 어릴 적이다. 한여름에 가끔 아이스케키 장수가 벽촌까지 들어왔다. 등짐의 통을 열면 김이 서려 나와 신기했다. 동네 어귀에서 "아이스 ~케~키" 길게 빼는 소리가 들리면 헌 고무신이나 병 같은 고물을 들고 아이들이 몰려갔다. 엿장수와 번갈아 물건을 거두어갔다. 물물교환이다. 돈으로 사 먹는 일은 생각도 못 한 시절이었다.

한번은 아이스케키 몇 개를 바꿔 들고 집에까지 오는데 뙤약볕에 반이나 녹아버렸다. 뛰어왔는데도 그랬다. 할머니를 보자마자 울어버렸다는 것과 내 등을 두드리며 웃으셨다는 기억이 난다. 어른에게 먼저 드리고 먹어야 한다고 배웠기 때문이었다. 손에는 얼음물이 녹아 질퍽했다.

그때가 생각나 손자 녀석 보며 싱긋이 웃었다. 떨어져 살아도 할아비 알아보는 것이 고맙고 애를 허투루 키우는 게 아니라는 생각이 들어 뿌듯하다. 다 먹고는 또 전망대 여기저기를 휘젓는다. 수많은 집과 도로를 달리는 차가 조그마하게 보이는 게 신기하다고 한다.

"할아버지, 대구에서 살고 싶은데요."

아래를 한참이나 내려다보더니 불쑥 꺼내는 말이다. 왜 그런데? 했더니 대구가 더 좋단다. 제 사는 곳과는 또 다른 도시의 모습을 느끼고 있는 건가 싶다.

한 달에 한 번은 손자 녀석을 만났는데 갈수록 뜸해지니 나로서는 늘 애틋하다. 아비 밥 벌어먹는 곳이 남쪽 바닷가다. 배 만드는 회사의 불황으로 비행기 만드는 회사로 옮긴 후엔 더 바빠서 그런 건가도 싶다. 눈에 삼삼해 보고 싶을 때가 있어도 마음으로만이다. 이따금 휴대폰으로 녀석을 만난다. 얼굴만 봐도 그렇게 기분이 좋아진다. 내 쪽에서 불러 보고도 싶지만, 자고 있을지도 모르고 아이들이 내키지 않아 할까 싶어 생각만 하고 만다. 휴대폰 만지는 것도 서툴다. 돈 드는 데 자주 보여 달랄 수도 뭐하니 올 때까지 기다린다. 손자 기다리는 재미도 요즘 사는 재미다.

그 녀석이 일주일 동안 나하고 같이 산다. 참 좋다. 아들 내외가 직장에 나간 새 돌봐주시던 외할머니가 외국 여행을 떠나 집에 데려다 놓았다. 제 할미도 신이 나 보물 만지듯 옆에 끼고돈다. 만날 때마다 콩나물 크듯 한 것이 신기하기도, 못 지켜봐 안타깝기도 하다. 외가 쪽에는 갈수록 미안스러운 일이 되어 간다.

"동현이, 얼집에 안 가려고 대구에 살고 싶다는 거지?"

뭘 해도 귀여워해 주고, 어린이집에도 안 가는 게 좋아 그러는가 싶어서 물었다. 고개를 가로저으며 아니란다. 할머니 할아버지하고 있는 게 좋단다. 어제는 할미한테 할머니, 할아버지, 고모 전부 엘크루에 와서 같이 살자고 하더란다. 사는 아파트 이름이다. 아빠, 엄마가 오라고 할까 했더니 내가 말해보겠다고 해서 한바탕 웃었다고 했다. 이전에도 이따금 며칠씩 와 있었다. 그때마다 가기 싫다 해놓고는 제 아비, 어미가 데리러 오면 휑하니 따라간다. 가고 나면 집이 헝덩하다. 녀석이 내게 입말만 했는가 싶어 웃는다. 조손이 한집에 기거하던 옛날이 그리울 때가 있다.

내 할아버지는 무서웠다. 어릴 적 나는 말도 제대로 붙여본 기억이 없다. 불그스레한 얼굴이 늘 근엄했다. 사랑채에서 책 읽던 소리는 지금도 할아버지에 대해 남아있는 으뜸 기억이다. 끈으로 철을 한 누렇게 퇴색한 책이었다. 어떨 땐 갓을 쓴 채 정좌하여 책을 마주해 있던 모습을 문간 밖에서 바라보기도 했다. 문회에 다녀왔다는 날은 불콰해진 얼굴로 읊조렸다. 명심보감이나 사서삼경 같은, 서당에서 익히던 것이었으리라. 그 무렵 나는 교편생활로 경주에서 살았던 부모와 떨어져 혼자 할아버지 집에서 지냈다. 유년의 한참을 형과 동생과는 달리 그렇게 보냈다. 가끔 오는 엄마는 그리움의 대상이 되어갔다. 적적하니 손자 하나는 집에 두고 가라고 했던 모양이었다. 할머니, 할아버지 사랑이 왜 없었겠느냐만, 후일 내게는 늘 쉬 외톨이가 되게 한 일의 씨앗이 되었다.

녀석하고 놀다가도 하나뿐인 게 서운하고 안타까울 때가 있다. 옆에 두고 볼 수도 있으련만 싶다가도 피식 혼자 웃는다.

말도 안 되는 소리를. 내 유년의 일로 자식은 보모와 같이 있어야 한다는 게 내 지론이다. 그래도 손자가 왔다 가는 날이면 할아비인 내가 더 외로워진다. 매달려 재롱떠는 녀석이 하나 더 있었으면 싶어진다. 말도 못 붙이고 둘 눈치만 보고 있는 사이에 몇 해 흘러버리니 어찌 이런 일이 있나 싶다. 근래 수척해진 어미 얼굴을 보니 직장 놓은 뒤끝에 다시 얻은 일이 버거워 그런가 보다 한다.

오후의 비스듬한 햇살이 전망대 안으로 파고든다. 쉴 새 없이 나부대는 녀석의 활력이 어디서 나오는지 경이로울 정도다. 아이 본다는 일이 간단치 않다는 말이 이래서 나오는가 싶다. 바로 아래층에 내려가서도 휘젓는다. 포토존이라 만들어 놓은 곳이 멋스럽다. 젊은 연인들이 추억을 새기는 장소인 듯 탁자며 벽엔 사랑의 낙서로 가득하다. 녀석이 오만 포즈로 나뒹굴 듯 한다. 사진을 하 많이 찍어 몸에 밴 동작이다. 계속 셔터를 눌러대며 같이 웃었다. 어엿하고 대견하다. 다시 아래쪽 두류공원 놀이시설을 내려다보더니 거기 가자고 한다. 위험해서 동현이가 조금 더 커야 탈 수 있다 했더니 한참을 내다본다.

"할아버지는 하늘나라에 언제 가는데?" 갑자기 난데없는 질문을 한다. 답이 궁하다.

"왜 그러는데? 할아버진 아직 한참 더 있어야 해. 동현이 하고 놀아야지."

"아, 그렇구나. 근데 핵폭탄 터지면 다 죽는데."

집에서도 묻던 말을 또 한다. 왠가 했더니 매점의 북핵 관련 티브이 뉴스를 마침 쳐다본 모양이다. 남북 정상회담을 앞두고 북핵을 둘러싼 뉴스가 연일 시끄러웠다. 어린이집에서인지 핵폭탄이 위험하고 터지면 다 죽는다고 들은 모양이었다.

"아니야. 핵폭탄 터져도 다 안 죽어. 조끔만 죽어."

"그럼 언제 다 죽어?"

"지구가 별하고 충돌하면 다 죽어."

"언제 충돌하는데?

"……."

"할아버지 하늘나라 간 뒤에야?"

"그래 맞아. 아주 오래 있어야 해."

"그럼 동현이도 하늘나라 가고 난 뒤에야?"

"……? 그럼, 아주아주 오래 뒤에. 동현이는 걱정 안 해도 돼."

"……. 아 그렇구나."

이런 일이. 여린 감성을 해할까 싶어 덮은 말에 자꾸 꼬리를 달아 묻는다. 답말이 궁해 녀석이 자주 묻던 우주가 생각나 생각 없이 끄다붙인 게 더 길어진다. 일곱 애가 생사를 생각하는 것 같아 이 세상사가 어찌된 일인가 싶다.

고집이 세다고 동네 사람은 내 할아버지를 떫은 풋감에 빗대어 '풋감영감'으로 불렀다. 집 뒤 비알밭에 따라가고 있었다. 언덕 대숲을 지나는데 하늘을 쳐다보라고 했다. 대숲 하늘 사이로 비행기가 흰 꼬리를 남기며 지나가고 있었다. 요즘처럼 비행기가 흔치 않았을 때였으니 신기했을 터다. 햇살에 상을 찡그리며 쳐다보는 나를 보며 할아버지도 할머니도 자꾸 웃었다는 것과 할아버지가 사람이 타고 하늘을 난다는 말을 했던 것 같다. 손자는 하늘나라가 우주인 줄 아는데 나는 하얀 줄이 그어진 거긴 줄 알았다. 할아버지에게 하늘나라 언제 가느냐고 묻는 일도, 사람의 생사에 대한 일은 생각도 못 했을 터였다. 지금 손자 녀석보다는 한두 살 많았을 때지 않았나 싶지만 이만큼 똘똘치 못했으리라.

타워에 서녘의 해가 붉게 뉘엿거린다. 볼 것 다 봤는지 녀석이 집에 가서 팽이 시합하잔다. 작은 원통 안에 장난감 팽이를 돌려 서로 부딪치기도 하면서 오래 도는 쪽이 이기는 게임이다. 기억에 남는 할아버지라도 될까 싶어 꾸역꾸역 따라 하곤 한다. 손자의 시절, 할배의 그 시절, 생각과 노는 격이 하늘과 땅 차이다. 자꾸 벌어지는 그 틈을 메울 수 있으려나 싶어 만날 때마다 손자 녀석 뒤를 졸졸 따라다닌다.

이전에는 터닝메카드(변신 자동차 장난감)로 놀더니 얼마 전부터는 버스트갓 팽이(플라스틱과 주물로 만든 팽이)에 열중이다. 아비가 들고 온 녀석 짐 보따리엔 온통 팽이다. 날 보러 자주 올 꼬임이 될까 싶어 올 때마다 나도 한 개씩 사준다. 장난감 상술이 현란하여 한 주가 멀다 하고 신형이 나온다. 출시될 때마다 이름이 붙여지는데 그 긴 영어 이름을 잘도 외우고 겉모양만 보고도 그 팽이를 골라낸다. 신기라고 할만하다. 팽이 시합 판을 벌였다. 녀석이 잘 이기는 힘센 팽이는 제가 하고, 약한 팽이만 골라 내 앞에 썩 내민다. 열 판 다 졌다. 골목길에서 나무를 깎아 만든 팽이를 팽이채로 내리치며 놀던 내가 원시인처럼 다가온다.

2017. 12.

금강산 처녀

 이산가족의 젖은 얼굴이 화면을 메운다. 살아서는 다시 만날 수 있을 것 같지 않은 예감을 서로의 눈시울로 주고받는다. 며칠째 금강산에 내려 쌓인 눈보다 더 켜켜이 묻어둔 한을 부둥켜안는다고 어찌 풀 수 있으랴. 짜 맞추어 입은 것 같은 티의 한복을 차려입은 북쪽 여자들 매무새에 남쪽과 달리 흐른 시간을 읽는다. 안내 요원인 듯한 젊은 여자의 옷맵시를 살피다가 문득 '김정숙 휴양소'를 떠올린다.
 〈동백아가씨〉 노래가 흘러나온다. 횟가루 마감을 한 흰 벽면의 방이 쩌렁거릴 정도다. 회담은 정회되었고 북측의 요구에 답을 짜내느라 부산한 남측 대기실이다. 2003년도의 일이다. 그땐 창밖에 7월 초의 연초록이 금강산 기슭을 물들이고 있었다. 8월 하순의 대구하계유니버시아드대회에 북한을 불러들이려 남북 체육 회담을 열었던 곳이 김정숙 휴양소다. 이산가족 상봉장소인 금강산호텔 바로 근처다. 그때 대회조직위원회 소속으로 남측 대표단의 일행이 되었다. 첫날에 이어 일부러 놓는 어깃장이 심했다.

바로 전해 부산아시안게임 때 북의 미녀 응원단이 휘젓는 치맛바람에 전국의 남정네가 수캐처럼 낑낑댔다. 경기보다 응원단 발길이 더 이야기를 뿌리고 다녔으니 그걸로 대회 얼굴이 살아났다고 떠들었다. 유니버시아드대회도 솔직히 인기가 시원찮은 대회였다. 그럼에도 국제란 말이 붙는 일을 벌여 지구촌 사람을 끌어모아야 일이 된다고 했다. 쉽게 표를 모으는 일이었고 도시를 떠도는 돌림병이었다. 지금도 여전히 그렇지만, 그런 조바심에 대회도 서둘러 유치했다. 날짜는 코앞인데 좀체 분위기가 뜨지 않았다. 북한을 불러내고 미녀들의 치마폭을 잡아야 대회 얼굴이 날 거라며 안달을 내었다. 남북 화해란 이름을 붙였다.

늦은 오후에 장전항에 도착한 첫날, 남측의 손을 잡는 투가 빚 독촉하는 사람 같았다. 쉽게 풀리지는 않으리라 여겼다. 북측이 저녁 대접을 한다고 해서 들어선 김정숙 휴양소의 연회장은 비워두었던 곳인지 벽에서 곰팡내가 났다. 들쭉술하며 낯선 술이 독했다. 감치는 맛에도 낚시를 물지 않으려는 고기처럼 잔 앞에 움츠렸다. 그쪽은 술이 세었다. 남쪽 핑계로 술 고픔을 채우려는 것인지, 남쪽이 몽롱해지기를 기다리려는 것인지 잔을 많이도 내밀었다. 화젯거리는 좁고 조심스러웠지만 그쪽 심사가 잡히기도 했다. 슬쩍 훔쳐본 처녀들의 한복 맵시가 날렵했다. 참 잘생겼다고 여기며 내 자리에 접시를 내려놓는 처녀의 손을 보다 움쩍했다. 손마디마다 굳은살이 박였고 손톱 밑에 땟자국이 보였다. 평양에서 데려온 처녀는 아닌 것 같았다. 이 근방에서 농사일하던 처녀일까 아니면 군인일까. 드러나지 않는 북을 뜯어보려 했지만 덧없는 상념이었다.

　불 꺼진 창이었다. 열 시가 좀 넘은 시간, 밀실 같은 어둠이었다. 건물 내부의 윤곽만 멀리서 가물거리는 외등의 빛줄기로 겨우 분간할 수 있을 뿐이다. 잔 권할 때와는 생판 다른 북쪽의 얼굴에 아연했다. 숙소인 설봉호로 돌아가려는데 출입관리소에서 남측 대표단의 출경 사실을 연락받지 못했다며 막았다. 달랑 한 사람의 근무자는 불을 켤 형편도 아닌 모양으로 푸석한 나무기둥처럼 어둠에 박힌 채 입을 다물었다. 한 시간도 더 바람 막힌 굴속 같은 더위에 시달린 후에야 설봉호에 도착했다. 요지부동 당찬 남측 수석대표의 기를 꺾고 겁박하고 싶었던 걸까, 고장난 북의 얼굴일까. 혼란스러웠다. 회담의 보안을 위해 타고 온 배를 숙소로 정했지만 우리 배가 왜 그리 반가울까. 항구는 까만 밤이었다. 오늘이 첫 기일인 아버지를 떠올리며 흔들리는 갑판에서 하늘을 쳐다보았다. 초닷새의 달도 이미 보이지 않았다. 말 건네도 답이 없던 처녀들이 만찬장을 떠나올 때 손을 흔들어 주었다. 안개처럼 흐르는 산골짝 불빛에 초승달 같은 웃음을 보일 듯 말 듯 흘렸다.

  회담은 서로의 셈을 다 읽고 있으면서도 시간을 끄는 말씨름이었다. 다음날 떠나는 설봉호의 시간표에 맞춘 게임이었다. 정회 때 우리 측 밀담의 도청을 막으려 일부러 크게 틀어 북의 귀를 흘려놓는 〈동백아가씨〉, 〈흑산도아가씨〉만 계속 목이 터졌다. 느긋한 척 밖에 나와 어정거리며 능청을 떨었다. 북측은 금강산 아가씨를 내세워 은근히 맘을 보는 듯했지만 무덤덤한 낯빛이었다. 천연덕스럽게 어제 통행을 막은 건 실수였다며 남측이 답례로 베풀 만찬의 메뉴를 자기들이 정한 대로 해달란다. 금강산 골짜기 목란각이었다. 다시 말이 없는 처녀들의 배웅을 받으며 치맛주름 같은 산골을 빠져나왔다. 별빛이 쏟아져 내렸다. 산길 걷던, 봇짐 진 아낙과 마른버짐이 핀 아이의 얼굴을 떠올리며 또 까만 항구의 밤을 내다보았다.

  곡절 많은 말씨름 끝에 선수단 200명에 응원단 310명, 북한의 참가를 확정하고 악수를 했다. 서로 속내를 다 드러낼 수도 감출 수도 없는 일이었다. 174개국의 끄트머리에서 대진표 확정조차 못 하게 잡고 늘어진 지루한 북이었지만 어찌하랴. 턱없이 많은 응원단을 보내려 했다. 한판 치맛자락으로 남쪽을 또 휘저어보려는 부질없는 요량이었다. 왜 이럴까 싶은 일도 해야 하는 일이었고 잘해야 하는 일이었다. 대구로 올 미녀들의 활극이 자못 궁금했다.

  〈휘파람〉을 열창하는 북한 처녀에게 홀렸다. 몇 년 전 캄보

디아 앙코르와트의 북한 식당 옥류관에서였다. 한국인 관광객으로 넘쳤다. 우리 일행의 방으로 음식을 나르던 처녀 중 한 사람이 유니버시아드 대회 때 응원단으로 대구에 왔었다고 했다. 안 그래도 은근히 잡고 싶었던 손을 그 말이 왜 그리 반가운지 덥석 잡았다. 금강산 근처인 통천이 고향이라 했다. 여기서는 말을 잘도 했다. 외화벌이 일꾼의 얼굴로 바뀌어 있었다. 몇 처녀의 춤사위와 노랫가락에 흥을 내며 모두 만용을 떨었다. 얹어준 팁이 외화벌이는 족히 되었으리라. 떠나올 때 손 흔들어주던 얼굴엔 지폐 냄새를 털어버리고 싶기라도 한 듯 곤함 웃음이 스쳤다.

몸부림치는 화면이 이어진다. 아니 만나고 그리워만 하는 게 오히려 속 편할 듯도 하련만 그래도 만나야 하는 것이 이 땅에 터를 잡은 우리의 운명이리라. 나라를 통째로 물려받은 젊은 동무의 셈법이 뒤숭숭하기만 한데, 풀리지 않는 통일의 길 곳곳에 얼굴 내미는 금강산 처녀의 환상이 아리다. 활짝 웃는 처녀들을 만나고 싶다.

《수필과비평》 2014. 5.

군에 갔다 온 남자에게

휴전선의 포성

철원의 최전선 평화전망대다. 앞 화면상의 전적지를 설명하는 안내 장교의 지시봉이 분주하다. 멀리 내다보이는 실제 위치를 확인하며 숨을 죽인다. 오른쪽부터 낙타고지와 평강고원, 옛 궁예의 궁궐의 터가 있다는 김일성고지, 오성산, 백마고지, 아이스크림고지가 멀리 가물거린다. 일행의 얼굴이 숙연하다. 몇 년 전 한 단체의 전방 견학에 함께한 길이었다.

남방한계선의 한 초소에 올랐다. 붉은 잎들이 갈바람에 날린다. 청와대를 습격하려 했던 124군 부대가 넘어온 곳이 지척이다. 북측의 경계초소가 멀지 않은 얕은 능선 위로 닿을 듯 뚜렷하다. 병사들의 얼굴빛에 긴박감이 팽팽하다. 사격권 내라 했다. 서로 방아쇠만 당기면 어찌될지 모를 곳이다. 어리광을 부렸을 앳된 얼굴들이 무장을 한 채 늠름하다. 등을 두드려 주고 싶다.

안내 장교의 설명을 듣는데 천둥 같은 소리가 엄습한다. 모두 움찔 놀란다. 산 너머 우리 측의 포사격 연습이라 했다. 여긴 여전히 전쟁의 땅, 낯선 이방의 지대다. 두렵고 답답한 우리 삶의 한 자락이 너울댔다. 한국전쟁은 긴 휴전이란 이름으로 살아 있었다.

다시 군에 가는 꿈을 꾸어가며

한밤중에 잠을 깨었다. 식은땀이 흐르고 있었다. 한번 갔다 온 군대에 왜 다시 가야 하느냐며 누군가와 실랑이를 벌인 것 같다. 꿈이었다. 나는 사십이 다 되도록 군에 다시 붙들려 가는 꿈을 꾸었다. 군에 갔다 온 남자라면 그런 꿈에 놀라 잠을 깬 적이 있으리라. 그만큼 군 생활이 힘들었다는 방증이다. 때로는 트라우마가 되어 괴로움을 당한다. 나는 한 후방 부대의 공병대에 근무했다. 이른바 군기가 세었다. 온종일 고된 작업에 시달리고도 저녁마다 이유도 없는 기압과 매질을 견뎌야 했다. 정해진 의식 치르듯 그런 연후에라야 잠을 잤다. 요즘 병사라면 전부 탈영하고 말았을 것이라며 노병들은 웃으며 회상한다.

남자들 술자리의 군 무용담은 안주였다. 세대를 이어가며 술잔에 따라붙는 노랫가락이었다. 낯선 남자끼리라도 군대 이야기를 꺼내면 쉬 가까워진다. 푸른 제복이라는 떼 낼 수 없는 공통분모가 있어 그렇다. 때로는 허풍이 심한 줄 알면서도 박장대소하면서 서로 흥을 돋운다. 여자들은 이야깃거리가 그렇게도 없어 술판만 벌이면 군대 이야기냐 한다. 다른 말거리가 없어 그런 게 아니다. 푸닥거리하듯 풀어내고 싶은 심사를 주체하지 못할 때가 있어 그렇게 흘려보낸다.

전쟁의 폐허에서 사는 일이 막연한 나라였다. 그러나 죽도록 굶주리면서 오늘을 만들었다. 학생과 군인이 차례로 나섰다. 그 두 번의 대변혁의 시대를 거치며 살아보려 발버둥쳤다. 보릿고개가 쓰라렸다. 거리마다 새마을 깃발을 꽂아 잘살아 보자며 외쳤다. 군부의 빗나간 권력에 한때 절망도 했다. 엎질러진 나라 살림을 탓도 하지 않고 숨겨놓은 금붙이를 내놓으며 살았다. 지금에야 호랑이 담배 피우던 이야기라 하겠지만, 그 시절 남자는 가장이란 이름의 멍에를 메었다. 곳곳의 직업 현장에서 식솔의 입을 먼저 생각했다. 출근할 땐 쓸개를 집에 빼놓고 가라고도 했다. 남자의 군대 이야기는 힘든 삶을 힘들었던 군 시절을 떠올리며 달래보려는 무의식의 말 잔치인지도 모른다. 살다 보면 군 생활이 향수처럼 다가올 때가 있었지 아니한가.

전방의 그 병사들 얼굴이 떠오른다. 노병들의 걱정이 기우인 듯 용감스러웠다. 내 아들 어렸을 때 이 아이는 군에 가지 않으려나 싶었다. 통일이라도 되어 군 고생 안 했으면 하는 속 걱정이 그런 생각을 하게 했다. 그러나 아들은 어김없이 군에 갔다 왔다. 벌이에 나선 일터에서 바동대면서도 다시 군에 붙들려가는 갑갑한 꿈도 꿀 터이다. 그 철책선의 병사들도 제대는 할 것이고, 추억거리를 술잔에 풀어놓는 유구한 남자의 얼굴을 이어가리라. 그리고 밤중엔 다시 군에 잡혀가는 꿈으로 땀흘릴지도 모른다. 품에서 재롱떠는 내 손자 녀석도 그 길을 가지 않겠는가. 어찌 반도의 사내가 군을 피할 수 있으랴.

며칠 전 늙수그레한 얼굴들의 한 모임에서 어쩌다 또 군 이야기가 나왔다. 그건 젊은 시절 술안주 삼았던 그런 무용담 너머였다. 조청처럼 달여지고 정제된 삶의 이야기였다. 자신과 직장과 나라의 어려움을 극복해온 사람으로서의 평온한 회상이었다. 그렇다. 우리는 군에 다시 붙들려 가는 꿈에 놀라 잠을 깨어가면서 나라를 지켜왔다. 군대는 젊은 시절의 일터였다. 봉급이 몇백 원으로 기억되는 그런 직장이었다.

평창의 한반도기

평창에 한반도기가 펄럭댄다. 북쪽의 예술단, 응원단, 선수단, 대표단이 도착하는 모습과 얼굴들이 화면을 연일 채운다. 인공기도 선수촌에 내걸렸다. 남쪽엔 말이 갈려 뜨겁다. 한 달 전만 해도 올림픽이 제대로 개최될까 걱정했던 일이라 더 그랬다. 전쟁을 걱정했던 상황의 급변에 모두 혼란스러워했다. 이 땅에서 발붙여 사는 누구도 마음앓이 안 할 수 있는 일이겠는가.

한반도기는 나를 십오 년 전으로 데려갔다. 2003년 대구유니버시아드대회였다. 그때도 북의 선수단과 응원단이 한반도기를 흔들었다. 대회를 앞둔 막바지까지 떼쓰는 아이처럼 엉겨붙는 북쪽과 밀고 당기는 말씨름을 했다. 그때 조직위원회 소속이었던 나는 금강산 남북체육회담 현장에도 있었고, 대회 기간 내내 무던히도 마음 졸였다. 내가 평창의 올림픽에 별스럽게 관심을 가지는 이유다. 이번 북의 응원단을 내내 살폈다.

대구에서는 꼭 미녀응원단이라 불렀다. 대회 흥행 전표 같은 말로 여기며 호들갑을 떨었다. 언론의 부추김 탓도 컸다. 응원단의 얼굴과 몸맵시가 분위기를 압도했다. 경기보다 북의 미녀를 구경하러 쏠려 다녔다. 화면 앞에 모여 앉아 방방곡곡이 소란스러웠고, 술잔 들고 수캐처럼 끙끙대는 남정네도 많았다. 그게 남을 한바탕 휘젓고 흔들어 보자는 북의 원래 의도였다. 이른바 체제 선전이 잘도 먹혀들어 간 일이었다.

평창엔 미녀가 사라졌고 그냥 응원단이었다. 예쁘고 잘생겼다는 말은 했지만, 화려한 제복과 일사불란한 몸의 율동에도 이쪽은 차분하고 무덤덤했다. 생경한 모습에 눈길은 주었지만 그때 같지는 않았다. 색다른 볼거리 정도에 머물러 있었다. 되레 남쪽의 자유분방한 관중의 다양성에 압도되었다. 한판 흔들어 보려던 북의 작심이 별것 아닌 것으로 되었다. 철 지난 옷을 입은 사람들 같았다. 이는 우리가 그때보다 어른스러웠고 그릇이 여유로워졌음이다. 그건 고난을 넘어온 힘이다. 우리의 속살에 박인 나이테의 견고함이다. 군에 다시 불려가는 사내들의 놀란 꿈도 거기에 알알이 박혔다.

애국의 말, 애족의 말 앞에서
또다시 전쟁은 안 된다는 건 절체절명의 과제다. 그 일로 인민군 대장 했던 고위급이 휴전선을 넘어왔다. 전방 철책선의 눈을 부릅뜬 초병의 곁을 지나서다. 짓궂은 역사의 행보다. 저세상의 천안함 병사와 집총했던 대한민국 사내들을 능멸하며 징글맞게 웃었다. 술잔 위로 내뱉었던 남자의 숱한 군 이야기가 짓이겨진 것 같아 씁쓸하다.

이것이 역사의 진운인가. 남에는 애국의 말과 애족의 말이 팽팽히 맞섰다. 우리, 군에 갔다 온 남자들아. 이 틈새에서 어찌해야 하겠는가. 이 어름의 시간 선상에 선 우리가 우리에게 갈채를 보내자. 고생했다. 앞길이 답답하지만 두 말이 한뜻으로 뭉친다면 춤출 일 아니겠는가.

《수필과비평》 2018. 5.

사야가沙也可의 노래

 범종 하나가 조명등 아래 푸른빛을 흘린다. 한동안 행방을 몰라 궁금해하던 놈이었다. 대구시와 자매결연을 한 히로시마시에서 '평화의 종'이라는 이름으로 보내온 친선의 증표였다. 이십 년 전 일이다. 두 도시 사람들의 융숭한 환대를 받으며 처음 시청의 현관 로비에 터를 잡았다. 그럼에도 그날 드리워지던 그늘에 잡혔던가. 두 나라의 얽힘에 쫓기어 이리저리 떠돌았던 나그네 처지였는데, 녹동서원鹿洞書院의 '한일우호관'에서 마주했다. 가창 우록동 골짜기다.
 서원이 낯설게 바뀌어 있었다. 고쳐 지은 집이 한층 단아했고 한길의 맞은편엔 없던 주차장이 넓게 들어섰다. 관광지 티가 난다. 임진왜란 때 투항한 왜장 사야가沙也可, 한국명 김충선金忠善을 기리는 이곳이 두 나라 우호의 표상이라는 옷을 입은 덕이다. 바로 옆에 새로 세워진 한일우호관에 처음 들어섰으니 몇 해 만에 이곳을 찾았나 보다. 전시관의 엷은 불빛을 타고 사야가의 이야기가 아물거린다.

왜군이 넘었던 팔조령八助嶺이 여기서 지척이다. 대구로 밀고 들어오던 진격의 길목이었던 거기에서 파죽지세로 들이닥쳤을 발걸음 소리가 겹겹의 능선을 타고 들리는 것도 같다. 속수무책으로 무너지고 찢겼을 그때 민초들의 얼굴이 떠오른다. 이 우록동 골짜기의 안쪽 최정산 기슭에서 불타오르는 남지장사의 우람했을 옛 모습도 어른거린다. 사명대사가 왜군에 맞서려 승병을 훈련했던 곳이었으니 온통 이 산골에 전쟁의 연기가 자욱했으리라. 그때도 이 산야를 물들였을 오월의 신록과 푸른 바람은 말이 없다.

사야가는 어디에서 어떻게 투항했던 것일까? 자세한 기록이 없으니 절벽 앞에서처럼 막막하다. 가토 기요마사加藤淸正의 우선봉장으로 출병했던 그의 후손이 18대까지 내려오며 이 산골을 지키고 있지만, 감추어진 이야기는 앞골 뒷골에서 울어대는 뻐꾸기 소리처럼 여운만 남긴다. 1592년 4월 부산 상륙 후에 곧바로 휘하 병졸 3천 명을 데리고 귀화했다는 그의 기록이 참일까? 차라리 팔조령을 넘어와 진군하던 중 결행한 것이라 해본다면, 이 우록동과의 인연이 더 맞아떨어지는 것이니 궤적을 쫓는 사람들의 마음이 한결 편해질 일 아니던가.

투항 후 조선군으로 참전했다. 개전 이듬해 1593년 경주 이

견대利見臺 전투에서 300여 왜군을 참살한 공으로 선조로부터 사성賜姓 김해 김씨 성과 이름을 받았고 자헌대부의 품계를 받았다. 이후 의령, 울산성 등 여러 전투에서 함께 물 건너온 왜군을 적으로 맞서 베었다. 임란 후에는 자원하여 터 잡은 우록동을 떠나 북방의 변경에서 오랑캐를 대적하며 10년간을 보내다가 돌아왔다. 이괄의 난 때도 반란군 토벌에 나섰으며, 병자호란의 선봉에서 청군에 맞서 싸웠다. 그러나 조선의 공식 기록으로는 사야가란 이름은 ≪선조실록≫ 1597년 11월의 의령 전투에 처음 등장한다. 김충선은 인조 5년(1627) 2월 ≪승정원일기≫에 처음 나타나고, 사야가와 김충선이 동일인이라는 사실은 영조 37년(1761) ≪승정원일기≫에서 비로소 알려진다. 전란의 틈새에 피접만 다닌 임금 따라 사관의 붓도 무디었는지 여물지 못한 기록이 아쉽다.

'한일우호관'이란 이름값에 맞추어야 했을까? 거슬리는 말 한마디라도 있을 법하건만 온통 우호의 말이다. 사야가의 행적과 강화서講和書, 효유서曉諭書 등 귀화의 이유를 밝힌 말들이 전시장 벽면을 채우고 있다. 애써 내세우려는 듯 같은 뜻의 말이 중첩되지만, 일찍이 조선의 문물과 인륜을 중시하는 유풍을 흠모했으며 그 교화에 젖어 동방 성인의 백성이 되고자 귀화했다는 것이 요지다. 투항이냐 귀화냐? 결국은 조선 땅에 남아야 하는 일이니 같은 말이 될 터지만, 투항이었노라고 말할 수도 있을 일에 한마디도 없는 것이 자랑만 풀어놓는 강연처럼 되레 어색하다. 조선의 옷으로 갈아입는 일이 그렇게 쉬운 일이 아니었으리라.

 그는 왜 조선에 투항하였을까? 출신지는 어디일까? 풀리지 않은 의문이 그가 그의 호를 붙여 스스로 기록한 ≪모하당慕夏堂 문집≫으로 해소되기에는 턱없다. 사야가의 이야기를 일본에 처음 소개한 것은 임나일본부의 실체를 줄기차게 주장한, 그쪽의 문호로 추앙받는 시바 료타로司馬遼太郎의 ≪한韓나라 기행≫에서였다. 그 이후 '히데요시에게 반역한 무장', '귀화한 침략 병', '바다의 가야금' 등 그를 소재로 한 다큐멘터리가 방송되고 소설이 출간되면서 일본에서 역사적 조명을 받게 되었다. 그런데 가토 기요마사의 우선봉장이었다면 가벼운 신분은 아니지 않은가. 그럼에도 일본의 기록에는 그때 사야가沙也可란 이름의 장수는 없다고 한다. 조선군에 조총과 화약 제조 기술을 전수했다는 사야가 본인의 기록을 근거로 일본의 전국시대였던 당시 와카야마현의 '사이카'라 불린 철포부대에 속한 장수였는데 그 부대 이름이 사야가가 되었다는 설, 대마도인 설 등 여러 주장이 있지만 스무고개 넘듯 실체는 밝혀지지 않고 있다. 아무래도 할 이야기만 하고 입을 다문 것 같은 문집의 기록들이 조명등 아래 그래도 혼연하다. 오늘 두 나라 우호친선의 상징 같은 곳이 될 줄을 알았을까. 오히려 미완의 기록이기에 여운을 남기며 의미를 만들어나가고 있으니 굳이 밝히지 않았던 것이 잘한 일이 아니냐며 되묻는 것 같다.

돌연 사야가의 말이 흔들린다. 내 눈과 귀도 흔들린다. 본인이 밝힌 귀화의 변에 아우성치듯 달라붙은 다른 함성이 퍼져 나온다. 오르지 당신의 뜻에 따라 함께 투항했던 3천 명, 집단 최면에라도 걸렸을 리가 없는 우리 병졸들 명줄의 행방에 대해서는 왜 한마디도 없느냐고 한다. 또 다른 한 무리의 칼날처럼 푸른 소리가 울린다. 귀화 후에 조선의 칼을 차고 전장을 누비는 것 외에 당신이 할 일은 없었다. 하여 경주와 의령, 울산의 전투에서도, 이괄의 난 때도 조선 땅에 흘러들어 왔던 우리 동족이 당신에게 많이도 베임을 당했다. 반역의 칼이 어이없고 억울했다. 그렇게 숭앙했다던 조선을 위해서라기보다 그게 숨을 쉬는 길이었기 때문은 아니었던가. 하나 역사 이래로 수많은 전쟁의 얼굴이 원래 그런 것 아니었더냐며 잊기로 한 지 오래다. 이 나라가 '왜'라고 내려 보던 왜군에 끌려간 도공이며 돌아오지 못한 수많은 조선 사람의 억울함도 우리와 같을진대 어쩌겠느냐. 그런데 어찌 본명을 끝내 밝히지 않았는가? 지체가 높았던 당신의 반역은 애초에 천하에 드러날 일이었고, 가족이 곧바로 참형을 당하였을지도 모를 일인데 가족의 안위 때문이라고는 말하지 못할 터이다. 또한, 훗날 조선 땅의 후손이 뿌리를 찾으려 애달파할 일이지 않았느냐. 꺼내지 못할 다른 마음 하나가 있었던 것인가? 대답 대신 내리비치는 희미한 조명이 껌벅댄다.

5월 27일, 오늘 오바마가 히로시마에 간 날이다. 어쩌면 지금 원폭이 떨어진 그 자리의 전몰자 위령비에 꽃다발을 바치고 있을 것이다. 거기는 이름하여 '평화기념공원'이다. 도시의 슬로건도 "국제평화도시 히로시마"이다. 자매결연 도시마다 '평화의 종'을 보내니 온통 평화가 그들의 노래다. 사상 최초의 원폭 피해 도시임을 호들갑 떨듯 알리고 있지만 먼저 덤벼든 일의 무겁고 무거운 죄업은 까맣게 감추고서다. 세기의 관심사가 된 미국 대통령의 방문은 찬반으로 갈라져 말이 많았다. 할 말이 더 많은 우리는 더 시끄러웠고, 정부는 어정쩡했다. 두 나라에 뒤엉킨 고리를 풀어나가야 할 처지에 강하게 토를 달 수도 없었으리라. 서글프게도 또 을이었다. 코 큰 사람 싱겁다더니 오바마가, 미국이 그렇게 한 싱겁이 노릇 뒤엔 우리가 쳐다보기만 해야 하는 셈법이 있었나 보다. 일본 언론은 사실상 사과라며 떠들어 댔다. 바로 인근의 한국인 희생자 위령비도 찾아주기를 속없는 사람처럼 바랐는데 히로시마 교민들이 누구보다 오늘 더 아리고 슬펐을 것이다.

늘 두 마음을 비벼 내밀며 사람 헷갈리게 하는 일본의 얼굴이 새삼스러운 물음표다. 히로시마에서 살아도 보았고, 자매결연 일을 맡아 했던 내가 그냥 입 다물고 있어야 하는 일이 갑갑했다. 다시 '평화의 종'의 의미와 맞서보려 불쑥 여기 한일우호관을 찾았다. 그런데 또 벽에 부딪히기만 한다. 사야가의 마음을 찾는 일은 이 산골에 떨어져 내렸을 별똥별의 궤적을 찾는 것처럼 무망한 일이려나. 남도의 해안가에서 이순신 장군이 이 땅의 여인들에게 부르게 했던 강강수월래에 그가 부르려 했던 노래는 무엇이었을까?

손등으로 종을 두드렸다. 청아한 울림이 감쳐 흐른다. 그때 대구시는 히로시마에 북을 보냈다. 문을 떼고 들였을 만큼 큰 북이었다. 평화의 종이 그랬듯 떠돌았는지는 모르지만, 처음 터를 잡은 곳은 원폭의 피해 자료를 전시한 평화기념자료관 별관의 현관 로비였다. 내가 종을 두드리듯 누군가 북을 두드리고 있을까. 나그네 행로 끝에 머물 곳을 다시 찾은 '평화의 종'이다. 그 울림이 조선의 바람에 곰삭았을 사야가의 마음과도 같을진대 대북과 함께 울리는 일이 정녕 어려운 일인가.

오늘 사야가沙也可, 김충선金忠善 선생 또한 답을 내지 못할 것이니 팔조령에 기를 쓰고 성城을 쌓아야 할 일 아니겠는가.

≪수필과비평≫ 2016. 10.

견공의 생각

 더워도 너무 덥다. 전기 요금 폭탄 맞는다는 말에 집 뒤 공원으로 피난 나왔다. 한낮의 느티나무 숲을 이따금 흔드는 바람은 숫제 찜질방 열풍이다. 그늘 두꺼운 의자를 찾아 앉았어도 땀이 등줄기를 탄다. 비명 치듯 울어대는 매미 소리에 숨이 더 막힌다. 아예 의자에 드러눕는다. 이글대는 하늘을 두텁게 가린 녹색 잎이 그래도 좀 시원하게 해준다.
 뭔가 다리를 스친다는 느낌에 움찔했다. 이 틈새에도 깜박 졸았나 보다. 열대야로 뒤척인 몸이 저절로 잠 보충을 하려 했는가. 웬 개 한 마리가 서너 걸음 비켜 옆에 앉아 있다. 길게 혀를 빼문 채 헉헉댄다. 이 녀석이 나를 건드렸나 싶어 자세히 봤다. 목에 줄이 없다. 여인네들 손에 이끌려 공원을 도는 개가 요즘 부쩍 늘었는데 왜 혼자일까 싶었다. 옆에 끼고 다니는 털 많은 놈보다는 덩치가 있고 갈색의 자태도 어엿하다. 주인으로 보이는 사람이 곁에 없다. 손짓을 해보니 쳐다보다가는 귀찮다는 듯 숨만 헐떡인다. 더위 피하려 탈주한 놈일까.

나에게 입맞춤을 퍼부어대던 누렁이가 생각난다. 학교 갔다 사립문 들어서면 덮치듯 달려들어 온몸을 비벼대며 정을 내고야 물러섰다. 고샅길에서도, 들판에서도 내가 보이면 어느새 쫓아와 살랑대던 놈들이었다. 어디에서든 걸림이 없이 영리하고 활달했다. 대를 이어가며 함께 부대끼던 식구였다. 마루 밑에서 새끼를 낳았을 때만 으르렁대기도 했으나 이내 꼬리를 흔들어 보였다. 암내 따라 침 흘리며 떠돌던 수놈도 어김없이 잠은 집에서 잤다. 밤중에 낯선 짐승이라도 접근할 낌새엔 온 힘으로 짖어댔다. 달 쳐다보고 소리치는 녀석도 있었으니 이태백이 못 되고 개 거죽을 타고난 걸 한스러워했을까 싶다. 불렀던 이름도 생김새도 흐릿한 옛일이 되었지만, 그 녀석들의 몸놀림은 인두 자국처럼 내 안에 새겨졌다.

문득 그 많은 누렁이의 끝을 알지 못했다는 사실이 떠올랐다. 앙증맞은 새끼 몇 마리가, 어떤 때는 어미 개나 날쌘 수캐가 어느 날부터 보이지 않을 때가 있었다. 못내 애가 타고 서운했다. 새끼는 할머니가 이웃에 나누어 주거나 장날에 팔기도 했다는 것은 뒤에야 알았다. 큰 누렁이도 살림 장만할 돈하고 바꾸었는지 행방은 알 수가 없었다. 입언저리를 뱀에 물려 끙끙대다 헛간에서 숨을 거둔 한 녀석의 마지막이 기억날 뿐,

다른 놈의 최후를 같이한 일이 없었다. 후일 보신탕 먹으러 억지로 따라갔을 때도 짐작만 했다.

녀석이 몇 발자국 뒤뚱대더니 다시 주저앉는다. 혀를 빼물고도 이 더운데 수놈 아니랄까 봐 그놈 뾰족한 붉은 끝이 나오려 한다. 주책없는 놈. 색정을 못 이겨 무작정 뛰쳐나온 건가도 싶어 주위를 둘러봐도 금침을 펴줄 이뿐이 견녀犬女는 보이지 않는다. 며칠 전 '동물 농장'에서였다. 자신을 버리고 이사 가버린 주인을 기다리는 개였다. 몇 달째 아파트 주차장을 배회하며 지나는 차를 일일이 지켜보는 애달픈 모습이었다. 녀석이 그 친구와 같은 신세가 된 건 아니겠지 싶어 손뼉을 치며 을러보았다. 아무려면 먹을거리며, 거처며 사는 형편이 옛적 내 누렁이보다야 나을 것 아닌가. 복 받은 견공이라 싶어 마주 보는데 눈을 힐끔거리며 말을 걸어오는 것 같다.

말도 마요. 복은 무슨 개뿔 같은 복이라고요. 공원에 개가 많아진다고 싫은 눈총을 쏴대는 인간들을 만나면 주눅 들다가도 대들고 싶어요. 누가 공원 돌자고 했나요. 우리 주인집 형편이 괜찮아서 날 데려온 줄 알았는데, 그것도 아니어서 내가 심정이 상해요. 걸핏하면 고함지르며 서로 밀치고 깽깽거리는데 개보다 못해요. 차려주는 내 밥상도 전에 집보다 못하고 정성이 없어요. 둘이서는 터놓지도 못하면서 안주인은 걸핏하면 날 껴안고 밖으로만 나돌지요. 먹고살기 힘들다 하면서도 개가 늘어나는 건 그 때문이라오. 소통 대용품으로요.

나보고 엄마하고 산책 나가자 하니 개를 웃기는 일이지요. 날 보는 눈길이 그윽할 때도 있다오. 집의 큰아이는 골목에 숨어 담배 물고 있던데. 내 몸 내 마음대로 못하고 쉬고 싶어도 끌려다니니 내 본래대로 사는 게 아니라오. 내 앞엣것이 실례를 한 모양인데 흉보지 마시라고요. 내 주인은 그렇게 싸우다가도 밤중에 그거는 죽이 맞아 그렇게 빼먹지는 않는 것 같더라고요. 인간들이 내게는 후사도 못 보도록 붙들어 매어버리고 그러니 열불이 더 나지요.

팔려나가고 죽임을 당할 팔자야 같을 테지만, 힘든다고, 싫증난다고 굶기거나 내다버리지는 않았으니 아무래도 선생님 소싯적의 누렁이가 복 받은 견공이었던 같아요. 개 주제에 취미생활이 있을 리 없고 뭐 개 복이란 게 다른 게 있나요. 잘 먹고 시원하게 잘 싸질러 대면 그만이지. 동물 학대 이야기를 주저리주저리 많이 하던데 사람들이 뭐가 학대인지 알지도 못하고 나부대지 말라고 해주시라고요. 그렇게 바라보지만 말고 나처럼 혀라도 길게 내빼보시지요. 덜 덥지.

또 졸았는지 머리가 멍하다. 그 개는 보이지 않고 아파트 같은 계단의 젊은 댁이 개를 끌고 지나간다. 그 녀석도 나를 힐끔 쳐다본다. 여전히 사람도 견공도 열불이 날 세상 열풍이 분다.   수필과비평 동인지, 2017. 8.

휴전선의 봄, 그 고무줄놀이

 무엇보다 내 밥그릇 길이 걱정된다. 예단할 수 없는 일로 가슴이 두근댄다. 힘 겨루는 장수처럼 마주한 두 집, 그 한 집의 대문을 나올 젊은 사내를 기다린다. 온 세상의 눈이, 유리눈알이 각자의 셈법으로 번득인다. 사월의 봄이 휴전선에 내리쏟아졌다. 낯선 산야의 물오른 신록과 꽃잎이 다른 땅이 아님을 저릿하게 일깨운다. 그 전쟁의 상흔에 몸부림치던 시절, 배고파 진달래 꽃잎을 따먹던 날의 헐벗은 산비탈이 겹쳐 떠오른다.
 두 사내가 손을 잡았다. 휴전선, 아무것도 아니어야 할 그 경계선을 사이에 두고서다. 남으로 넘어온 북의 사내는 다시 남의 사내와 둘이서 북으로 넘어갔다가 또다시 남으로 손잡고 넘어왔다. 순간에 오갔다. 오십 센티, 걸음 한 폭 넓이를 뒤뚱

대듯 넘나드는 두 사내의 몸짓에 환호와 폭소가 터졌다. 연이어 탄식했다. 나는 심호흡을 해야 했다. 그 눈들은 세기의 사건이라 적으며 말 잔치를 벌였다.

도보다리라 했다. 푸른 단장을 하고 봄 하늘을 가르고 있었다. 그 사내들이 걷는다. 천상의 외딴 길인 양 길게 느껴진다. 무언가 말을 하는데 알아들을 수가 없다. 내가 꿈을 꾸고 있는 걸까. 엄청난 일이니 이건 틀림없이 춘몽이다. 몽롱하게 하늘에서 계집애들의 노랫가락이 들린다.

고향 땅이 여기서 얼마나 되나
푸른 하늘 끝닿은 저기가 거긴가
아카시아 흰 꽃이 바람에 날리니
고향에도 지금쯤 뻐꾹새 울겠네

어디선가 보았던 일이라 여기며 골똘했는데, 그렇다. 그건 고무줄놀이요, 그 노래였다. 고샅길에서, 학교 운동장 귀퉁이에서 발장단에 맞추어 흘러나오던 노래였다. 오늘 사내 둘이서 고무줄놀이를 했다. 휴전선에서. 맞아, 넘나들며 뒤뚱대는 율동이 그랬다. 내 어릴 적 또래들과 고무줄을 끊어먹으면서 한창인 놀이판을 깨는 심술을 부렸지. 계집애들은 "야, 이 종내기야." 하며 욕을 퍼부었어. 그때 참 재미있었거든. 일에 구분 없다더니 이제 남정네가 이것도 다 하네.

사내 둘은 하늘길 끝 봄꽃 병풍 앞에 마주앉았다. 아지랑이인 듯 바람이 무성영화의 알 수 없는 자막처럼 흔들린다. 온 눈들이 불을 켜고 두 사내의 입만 바라본다. 도깨비가 붙어 앉아 흥얼대는 것만 같다. 온갖 예측과 상상이 봄 하늘을 떠돈다. 초병처럼 옆에 서 있던 휴전선 표지판이 냅다 고함을 지른다. 낮말은 새가 듣고 밤말은 쥐가 듣는다 했소. 내 비록 늙어 녹이 슬었어도 입은 살아 있소. 내가 변사 노릇하리다.

南이요. / 누가 우릴 보고 고무줄놀이한다고 하는 것 같았는데 북에도 이런 놀이 있는가요. 내 어릴 땐 여자애들 놀 거리가 그런 것밖에 없었소.
北이요. / 내래 안 해봤지만 말은 들었수다. 우리끼리 피 터지게 싸우다가 같이 못 살 때였으니 비슷하갔디오. 내가 계집애 놀이했다니 좀 넘세시럽슴메. 내래 농구 좋아하디요. 철천지원수 미국놈이지만 그래도 좋아하는 선수 하나 평양에 두어 번 불렀수다. 찾아올 사람도 없고 해서리.
南이요. / 우리 이제 철조망 걷어치우고 고무줄놀이하는 세상 만들지 않겠소. 터놓고 이야기합시다. 핵 내어놓으시오. 핵무력 완성했다는 거 나 인정하겠소. 그런데 북은 끝까지 지킬 힘 안 되오. 그게 코 큰 친구 때문만이 아니요. 중국, 일본, 러시아놈 같은 패거리요. 언제든지 고무줄 끊어먹을 종내기들이오. 지금껏 그래왔잖소. 저 철조망 보시오.

北이요. / 내래 지금 고민 많수다. 우리 인민이 배가 고파 핵 버리겠다고 말은 했슴메. 남조선은 겨누지 안 캇시요. 주머니 좀 푸시라우. 미국놈하고 수틀리면 다시 엎어버리갔수. 그땐 남이 어떻게 된다는 거 알잖수.

南이요. / 그건 우리 같이 끝장나는 일이요. 내 한 가지 제안하겠소. 북은 나이가 있지 않소. 나처럼 물러날 일도 없잖소. 후일을 기약하시오. 우선 핵 내려놓으시오. 핵 개발 인력도 묶으려 한다는데 그 사람들 남으로 숨기시오. 핵심만 삼천 명은 된다는데 내가 신분 보장하겠소이다.

北이요. / 수 쓰지 마시라우요. 전쟁 겁나면 밥 내 놓으라우. 다른 말은 안 캇시요. 아까부터 중국, 일본 아이들에게 신경 쓰는데 줏대머리 없수다. 내래 중국 속셈 다 읽고 있디요. 남쪽처럼 꼼짝 못 하고 당하진 안 함메. 납치해온 일본사람 없다고 하시라우요. 일제 때 잡혀가 안 돌아온 우리 사람 셀 수도 없잖수. 그리고 남쪽은 왜 위안부를 그렇게나 우려 묵슴네까. 내래 동상 좋아하지만 남의 집 대문 앞에서까지 치사하게는 안 하우다. 인간의 전쟁은 원래 그런 거디요. 왜 임진왜란 때 일은 들먹이지 않수.

南이요. / 나 중국, 일본 아이들 사실 버거워요. 가끔은 광개토대왕이, 안시성의 양만춘이 그립소. 우리 귓속말로 합시다. 새가 듣소. 그 핵을 대륙 쪽에 겨누어보려 사람 숨기라 한 거요. 오천 년 동안 당해 왔잖소. 일본은 찰거머리 같소.

北이요. / 임자도 그리 생각함네. 이심전심이우다. 말로써 말이 많아 갈가리 갈라진 남쪽 힘으로 어디 그놈들에게 대들 수 있갔소. 나처럼 헛소리도 한번 못 해 놓고시리.

南이요. / 인권 떠드는 입이 많아 어쩔 수 없소. 고사포를 쏘고 독극물을 바르는 건 너무 심했소. 그것 때문에 고무줄놀이도 더 어려워질 뻔했잖소.

北이요. / 반공화국 분자는 즉결 처분이우다. 내래 마음대로 디요. 남쪽도 나보다 나을 거 없수다. 임자 눈치만 보는 법, 그 법 마음대로니 법 없는 거 아니갔소. 다 가두었잖수. 내래 걱정하는 건 그 간나 종내기들이 고무줄 끊어먹을까 싶수. 살살 하시라우요. 고무줄노래처럼 그리워만 하지 말고 서로 고향에 왔다 갔다 해야 안 캤소.

숲에서인지 새소리가 들린다. 이 숨막히는 영화의 배경음악인가. 고향 산허리 보리밭에 누워 듣던 소리도 이랬다. 이어진 산하인데 왜 같지 않으랴. 문득 종달새 날갯짓이 떠오른다. 까마득한 창공에 올라 파닥이며 지저귀는 소리, 노고지리라고 했지. 나는 어릴 때 종달새를 보며 하늘을 날으고 싶어 했다. 그리고 꿈을 꾸었다. 두 사내가 자리를 털고 걸어 나온다. 봄바람이 따라가며 일렁댄다.

푸른 도보다리에 하늘이 내려앉았다. 이 길을 얼마나 많은 사람이 오갔을까. 반도의 허리길 아닌가. 수많은 말발굽이 먼지를 일으켰고, 남부여대한 민초들의 걸음이 질경이처럼 휘감겨진 길이다. 두 사내는 무슨 꿈을 꾸었을까. 다시 언덕을 넘어갔다. 김구 선생도 이 길을 걸었으리라. 저 북쪽 사내의 조부를 만나러 올라갔던 길 아닌가. 갈라지지 말자고 절규하며 올랐던 길이다. 텅 빈 길, 끊어진 길 위에 선생의 말이 울린다.

> 오늘 기쁘구나. 참 잘하는 일이다. 원수라도 만나야 일이 풀리는 거란다. 큰일 앞에 걱정도 많겠구나. 응원하마. 나는 경교장에서 총탄에 쓰러졌지만 이제 누구도 원망하지 않아. 방법이 달랐지만 모두 통일된 나라를 바란 일이었던 거야. 그 젊은 사내의 할아비 욕심을 내가 일찍 알아채지 못했어. 그게 사달의 시작이었지. 이승만 원망하지 말어. 그도 어쩔 수 없는 선택이었어. 남북이 각자 살림을 차린 1948년, 나는 내내 울고 다녔어. 가슴 아픈 일이었어. 지금도 보아하니 말 붙이기가 쉬운 일은 아니야. 잘해 봐. 호들갑은 떨지 말고, 큰일나.

대반전이라 했다. 모두 그렇게 썼다. 올림픽을 못 할까 싶도록 전쟁의 붉은 혀가 날름댔다. 몇 달 전을 옛일처럼 여기며 북쪽 젊은 사내의 통 큰 결단이라 치켜세운다. 들떠 웃는데 따라 웃다가도 멈칫한다. 대동강 부벽루에 올라 잔 잡아볼 날 있으려나 싶다가도 고개를 흔든다. 좋은 꿈에 뒤섞인 혼미한 꿈을 꾸다 깨버린 밤의 적막 같은 날이 길다.

문득 칼 마르크스의 말이 스멀댄다. "지금까지 모든 사회의 역사는 계급투쟁의 역사다." 인간 세상의 본질을 이토록 꿰뚫은 명제가 있었던가. 계급투쟁은 바로 부의 분배를 둘러싼 싸움이다. 역사의 흐름이 그래 왔다. 시끄럽기만 한 남쪽은 몫을 가르려다 부를 흩기만 하고, 핵 가진 북쪽은 배고프다고 한다. 거짓처럼 바뀐 북의 얼굴이 참이라 해도 우리 살림이 감내할 수 있을 것인가. 내 밥그릇도 어찌될지 알 수 없다고 말해야 할 때가 올까 걱정이다. 그러나 마다할 수 있을까, 이 길을.

길은 아직 멀다. 큰 밥주걱 든 자가 많아 안갯속이다. 신명 나는 덩더꿍 춤을 추어댈지, 아니면 멍만 든 가슴을 다시 싸매야 할지도 모른다. 그래도 고무줄놀이는 해야 하지 않겠는가. 모두 노래를 부르자. 대성동 사는 화동의 얼굴에 웃음을 앗아 가는 일은 없어야 하지 않겠는가. 위원장 동지, 봄날이 간다.

≪수필과비평≫ 2018. 6.

사랑메기
잉여 욕심
할머니의 물 한잔
아버지의 물건
밥그릇 춤
산성의 봄
어디서 본 사람 같은데요
동성로東城路 축제
중국말 중국 처녀

사랑메기

 찬 그릇 놓이는 소리가 여느 날 아침과는 다르게 길다. 갈수록 무덤덤해지는 대보름 절기지만 아내는 나물에 오곡밥으로 격식을 차렸다. 귀밝이술부터 한잔 마시라며 내어놓는다. 귀가 밝아져도 이제 좋은 소리 들을 일이 없을 것도 같은데, 내 말을 잘 들어야 올 한해도 길하다며 은근히 겁박을 한다. 짜릿하게 넘어가며 일순 몽롱해진다.
 달을 볼 수 없을 것 같다는 기상게스터의 쌀쌀맞은 말이 밉살스럽다. 찌푸린 하늘을 내다보다 고향 마을의 보름달을 떠올린다. 마을의 동쪽 몇 굽이 산 너머 '사랑메기'라는 높은 산 고개가 있었다. 사랑메기 위로 보름달이 뜨면 이 산 저 산에서 달집이 타올랐다. 산천의 이름이 해가 지날수록 가물거리지만 끝내 못 잊을 산이요 고갯길이다. 하늘에 맞닿은 산모롱이의 꼬부랑 비탈길에 새겨진 내 유년의 한 자락 꿈이 아직도 가슴에 길을 낸다.

왜 사랑이란 말이 산 고개 이름에 붙여졌는지 이순에 들었건만 지금도 모른 채 산다. 아무도 이야기를 해준 적이 없다. 긴 겨울밤 할머니가 베갯머리에서 호랑이와 곶감 이야기를 들려주었다. 그게 무서웠는데 사랑메기에도 도깨비와 호랑이가 산다고 했다. 한밤중 앞산, 뒷산을 오르내리는 푸른 불빛도 도깨비불이라고 했다. 그 고개에는 진달래가 피는 꽃 대궐이 있다고도 했다. 잠결에도 더 뚜렷이 들린 건 사랑메기를 지나 산을 넘고 또 넘으면 어머니가 산다는 성내城內가 있다는 말이었다.

보리밭이 샛바람에 희끗희끗하게 흔들리던 봄날, 아파서 한참이나 학교에도 못 갔다는 기억이 어렴풋하다. 보리밭이 짐승 소리를 냈다. 그쪽 산을 타고 넘어온 바람이었다. 내 심한 배앓이는 별복이라고 했다. 할머니는 잠도 자지 않고 애타게 중얼대며 배를 쓸어내리다가는 뒤 각단 점쟁이 '짝부리 할매'를 부르곤 했다. 부엌칼을 내 목에다 대고 물 한 사발 놓인 밥상 위에 콩을 뿌리며 흥얼대는 주술에 잠이 들곤 했다. 사랑이란 뜻을 알 리 없었지만 사랑메기엔 내 두려움과 그리움이 배어 있고 외로움이 노을처럼 스며들어 있었다.

달은 늘 사랑메기 위에서 떠올랐고, 봄은 거기에서 불어오는 바람에 실려 왔다. 초배기까지 싣고 나무하러 그 고갯길에 올랐던 어른들의 지게에는 송이송이 진달래꽃이 해거름에 흔들렸다. 꽃을 따먹은 입이 검붉게 물들었다. 어머니가 사는 곳이 보일 것만 같은 그곳에 따라가기엔 턱없이 어려 산길만 바라보았다. 보리밭 둔덕에 누워 하늘 높이 나는 종달새를 부러워했다. 소 먹이러 산에 오른 여름엔 먹구름이 사랑메기에서 몰려왔고 소나기가 지나가며 거기에 무지개가 걸렸다.

사는 눈치가 들면서 산 이름에 붙은 사랑이란 말이 야릇했다. 그때는 사랑이란 말을 쉽게 입에 담지 못했다. 어른들에게 물어볼 수도 없는 언어였다. 아이들은 짐작만 하고 골목에 숨어 킬킬댔다. 혼자 사는 누구 엄마가 나물 캐러 사랑메기에만 자주 오른다고 했다. 누구 집 아버지도 그 고개에서 늘 꼴을 베더라는 말이 퍼졌다. 그 소문 때문에 쑥덕거리는 어른들을 보고 그게 사랑이구나 생각했다.

가지 끝에 붉은 감이 서넛 매달려 있던 늦가을에 할아버지 상여가 사랑메기 쪽으로 향했다. 붉은 낙엽이 날리던 앞산, 밑동에 하늘소가 살던 참나무 고목 밑에서 마을을 떠났다. 앞산 능선을 타고, 이붕굴 말랭이에서 조갈련 옆을 돌아 안꼴 너머로 올랐다. 나부끼는 만장과 상두꾼의 노랫가락이 구슬펐다. 내 손을 잡고 마을 뒷산 밭으로 오르며 웃으시던 붉고 둥근 얼굴, 기억 한 가닥 아련하다. 대숲 사이로 하늘 높이 하얀 줄을 그으며 날아가는 비행기를 쳐다보라고도 했다. 그런 할아버지를 동네 사람들은 떫은 감처럼 고집불통이라며 풋감영감이라고 불렀다.

 아버지가 우리 학교 선생님으로 경주에서 전근을 오셨다. 할머니가 성내라고 했던 곳은 경주였다. 옛 도읍이라 그렇게 부른다는 걸 뒤에 알았다. 같이 살게 된 어머니가 낯설었다. 이전에 이따금 할머니 집에 얼굴이 보였던 어머니는 기차를 타고 오갔다는 걸 철들어 알게 되었지만, 사랑메기로 넘나들었을 것 같은 어머니의 환영은 지울 수 없었다. 꿈에서 만나기도 한 곳이기 때문이다.

 사춘기의 열병에 떠돌 때 사랑이란 말이 붙은 산이 더 야릇했다. 같이 소 먹이러 산에 오르던 또래 계집애가 보이지 않으면 서운했다. 사랑메기 쪽으로 가는 뒷골 마을 처녀에게 설렜다. 경주로 통학 열차를 같이 타던 옆 동네 여학생에겐 말 한마디 제대로 못 건네고 괜히 여드름만 쥐어짰다. 사랑메기의 '메기'란 말엔 '목메다, 채우다'란 뜻의 말 풀이가 전해 온다. 사랑에 목메고, 사랑을 채우는 산 고개, 이 얼마나 두근거리게 하는 길인가. 그 길목에 살면서도 사랑을 잡지 못하고 그리워만 했다.

 사랑메기 이야기를 꺼내면 아내는 또 그 타령이냐고 한다. 동네 처녀한테 헛물켜고, 꼴망태 메고 풀이나 해 나르며 촌에서 떨어져 살았으니 당신은 어디 다리 밑에서 주어온 것 아니냐며 빈정댄다. "누구는 다리 밑에서 안 주어 왔나?" 능치려 해보지만, 내 사랑메기의 흔적은 평생을 같이 살아도 아내에게 온전히 알릴 수가 없는 일이니 막막하다.

　아내가 출근하는 딸아이에게 보름엔 첫술을 김에 싸서 먹는다고 해도 건성이다. 그게 무슨 의미가 있느냐는 뜨악한 표정이다. 마지못해 부럼까지 깨물고 일어나는 딸애에게 그건 아프지 말고 복 받으라는 조상의 사랑이라고 말해주었다. 달이 차듯 혼기가 찼는데 올핸 연이 닿을까 은근히 걱정이 포개진다. 옆에 있어도 속내를 모를 때가 있다. 도시에서 나고 자란 아들과 딸애에게 사랑메기에 얽힌 내 유년의 이야기는 그야말로 타령에 불과한 것인가? 손 전화기, 현관부터 이어지는 포장길, 쉴 새 없이 쫑알대는 내비게이션엔 그 꼬부랑 산길의 그리움이 들어갈 자리가 없으리라.

　구름을 밀친 보름달이 떴다. 사랑메기에도 달이 떠올랐으리라. 누가 달집을 태우고 쥐불놀이를 하고 있을까. 달빛 어슴푸레 어려 있을 그 산길은 이젠 꿈도 꿔지지 않는 아련한 길이다. 그 길목 산골에 누워있었던 할아버지를 할머니가 누운 대구의 산으로 옮겨 모신 후로는 가보지 못했다. 창 너머로 달을 쳐다보는데 대보름 민속놀이 달집 태우는 소식을 저녁 뉴스로 전하고 있다. 사랑메기로 오르는 심곡深谷 뒷산의 달집이 가슴에서 타오른다.

(2015. 2.)

잉여 욕심

 운동이 될까 싶어 쉬지도 않고 산마루 턱밑에서 숨을 몰아쉬며 오르고 있었다. 위쪽에서 잎을 떨쳐낸 잡목들이 갑자기 흔들렸다. 이어 오른쪽 마른 숲을 흔들며 튀어나오는 짐승을 보고 화들짝했다. 순식간에 큰 돌이 굴러 내려가듯 덩굴 너머로 사라졌다. 개들이 사납게 뒤따르고 뒤이어 사람 소리가 시끄럽다.
 얼떨결에 그 도망자와 추격자의 마무리가 궁금해졌다. 생사의 기로가 걸린 전투의 길을 따라 두어 굽이 산허리를 허덕거리다 낙엽 쌓인 둔덕의 잔디밭에서 끝이 난 먹이 싸움의 잔해를 마주한다. 허물어진 묘지 옆이다. 실눈을 뜬 채 거품 문 입을 벌리고 누워버린 멧돼지 위로 오후의 가녀린 햇살이 내리덮고 있다. 숨은 가고 털만 보푸라기처럼 바람을 탄다. 산골짜기에 십일월 끝의 바람이 제법 차다.

땀을 훔치며 구경꾼들 틈새에 서니 멧돼지 몰이에 한몫했다는 생각이 들며 야릇한 승리감에 빠진다. 옛적, 짐승과 싸워 이겨야 했던 인간이란 짐승, 나에게도 내재되었을 그 본성이 드러난 걸까. 개들은 숨이 넘어갈 듯 가쁜 숨을 몰아쉬며 혀를 길게 빼물고 널브러졌다. 한 마리가 비틀거리며 다시 일어나 멧돼지의 숨통을 확인하려는 듯 입을 대며 실룩거리다 또 드러눕는다. 개들의 입언저리 털엔 전투의 붉은 자국이 몰골 사납다. 개 얼굴이 매끈하게 잘생긴 줄로만 알고 있었던 것도 허상이었던가. 엽사가 페트병으로 입에 흘려주는 물줄기를 서로 싸울 듯 목을 치켜세우고 핥아 넘긴다. 턱없이 모자란다는 듯 둘러선 사람들을 흘기며 쳐다본다. 내가 먹던 물병을 엽사에게 건네자 꼬리를 흔든다. 참 영악스럽다. 멧돼지도 혼절해가며 물 생각을 했던 것일까. 벌려진 입에 바람 스치는 소리만 난다.

배고픈 멧돼지가 사람들 동네까지 내려와 좌충우돌하다 잡혀 죽는 뉴스를 별 생각 없이 듣고 넘겼다. 그 소란들을 현장에서 맞닥치니 짐승들 생사가 공연스레 사는 일을 헤집어 놓는다. 식구가 늘어나 어쩔 수 없이 인간 세상으로 넘어온 월경의 죄였다. 식탐이라면 돼지 몇 곱절이나 될 인간이 그냥 구경만 하고 있을 만큼 너그럽지 못했다. 사람들이 생태계 먹이 구조를 흔들어 놓은 욕심의 원죄를 덮어두고 짐승의 개체수가 늘어나 어쩌고 하며 피해만 주절댄다.

예전에 한적했던 산이 이제 주택가와 붙어 버렸다. 산 들어가는 기슭에 멧돼지가 수시로 출몰한다는 안내판이 서 있다. 사람의 먹거리 냄새를 어찌 배겨낼 수 있었으랴. 삼백 미터의 낮은 산이지만 그래도 시가지가 훤히 내려다보이는 와룡산은 예전엔 성산城山이라고도 불렀다. 임진왜란 때 명나라 이여송의 원군이 인걸이 날 지기가 두려워 지맥을 잘랐는데 붉은 피가 쏟아져 나왔다는 이야기가 전해지는 산이다. 산성이 있었다던 그 시절에도 멧돼지는 살았을 터이고 총 대신에 활을 든 포수가 땀 흘리며 다녔으리라. 엽사 한 사람이 텁수룩한 턱수염을 걸쩍거리며 사람들 때문에 총을 쏠 수가 없어 개만 개고생을 시켰다며 웃는다.

언젠가 단골 식당에서 맛보라며 내준 멧돼지 고기를 먹어본 적이 있다. 산에서 풀 먹고 돌아다녔으니 집돼지보단 깨끗하고 뭔가 산정기가 배었을 거라는 생각을 했다. 전생의 악연인지 돼지고기 알레르기로 애를 먹곤 하는 체질이다. 그날도 좋아하지도 않으면서 이미 부른 배에다 몸에 좋을까 싶어 몇 점 집었다. 짐승도 배부르면 안 먹는다는데 공연한 식탐으로 두드러기에다 배탈까지 나 며칠을 고생했다. 구경꾼들이 늘어난다. 멧돼지를 내려다보며 잡아먹는 일과 고기 맛을 궁금해하는 이야기가 단연 많다. 역시 누운 멧돼지는 사람들의 먹이일 뿐이었다. 그것도 먹어도 안 먹어도 그만인 먹잇감으로. 건성으로 듣고 넘긴 멧돼지 포획 소식 뒤에 남겨진 고기는 늘 별미라는 소릴 들었을 것이다. 집돼지가 누린 고기 되는 점잖은 절차도 없이 몰래 사람들 입으로 들어갔으리라.

멧돼지는 늘 독불장군이 되려 하는 인간 앞에서 돼지 욕심 제대로 못 내었던 도망자였다. 사람의 적개심과 주체하지 못하는 잉여 식욕 탓에 먹이의 경계에서 늘 사선을 넘나드는 팔자가 되었다. 튀어나온 입을 내려다봤다. 얄궂게도 못생겼다. 입술이라도 예전에 산기슭에 있었을 성싶은 주막집 논다니 같은 태깔을 타고났더라면 경계를 범한 실수도 애교로 용서받을 수 있었을까 싶은 생각을 해본다. 이 얼굴로 잘난 얼굴만 판치는 인간세상을 뒤지며 들쑤신 것이 더 밉상이 되었나 보다.

왜 산에 사는 돼지는 따로 만들어 놓았을까? 집돼지 신세로만 살다 명대로도 못 살고 가는 게 억울해 산으로 도망쳐 별종으로 인정받은 걸까. 아니면, 산 살림이 고단해 사람에게 빌붙어 하루라도 편하게 살다 가려 산에서 내려간 동족을 탓하며 남은 무리일까. 어차피 고픈 배로 인간 세상을 기웃거릴 신세임을 뒤늦게야 알고 종을 갈라놓은 조물주 처사에 입이 그렇게도 튀어나왔나 보다.

멧돼지 상여가 산에서 내려간다. 다시는 산으로 오르지 못하는 길이다. 먼 길이다. 엽사들이 앞뒤 다리를 동여매어 긴 막대에 거꾸로 매달았다. 수렵을 허가한 구청에 해야 할 포획 신고와 처분할 일을 궁리할 것이다. 오늘밤 한잔 술에 입을 가득 채울 고기 맛을 생각할 것이다. 비탈길에 석양이 걸렸다. 늦가을 해거름의 엷은 햇살이 긴 그림자 드리우며 마지막 남은 잎들 위에 붉게 흔들린다. 만장이다. 하산하는 사람들이 뒤를 따르며 멧돼지 이야기를 계속한다. 풀숲을 헤집은 내 바짓가랑이에도 검은 엉겅퀴 풀씨가 늘 잉여를 바라는 욕심처럼 덕지덕지 박혀 떨어지지 않는다.

≪대구수필≫ 2013. 12.

할머니의 물 한 잔

땀에 온통 젖었다. 추석 며칠 앞의 햇볕이 아직 따갑다. 봉분보다 높게 웃자란 나뭇가지를 잘라내느라 손마디에 물집마저 생겼다. 가쁜 숨에다 목말라하는 날 보고 할머니가 왜 물을 더 가져오지 그랬냐 하시는 것 같다.

나는 밥 먹기 전에 꼭 물을 한 잔 마신다. 식사 전에 물 마시기 마련이지만 나는 유독 더하다. 밥이 넘어가지 않는다. 어릴 때부터 그랬다고 한다. 할머니는 "야는 물 없으면 밥 안 먹는다."며 늘 내 밥그릇 옆에 물 한 잔을 먼저 놓아주었다. 그게 요즘도 식탁에 앉으면 물부터 찾는 버릇이 되었는가 싶다. 식구들이 제 물잔만 챙기면 섭섭해진다.

식당에서도 물병을 먼저 잡는 사람은 나다. 그만큼 목이 마르거나 급해서가 아니다. 무의식적인 동작처럼 그렇게 된다.

예쁜 종업원이 어쩌다 물잔을 채워주면 그게 그지없이 고맙고 좋을 수가 없다. 어디 놀러 가더라도 물병부터 챙긴다. 지나치다 싶은지 아내는 집착이라 한다.

옛 시골집 부엌문 옆엔 큰 옹기가 놓여있었다. 물동이를 이고 긴 골목길을 돌아온 할머니가 가쁜 숨을 내쉬며 물을 부어 놓는 물단지였다. 근처에선 장난도 못 치게 했다. 내가 물을 길어 올 시기가 되어서야 금기 줄이 풀렸다. 늘 정갈하게 매만지던 할머니 모습이 함부로 손대지 못할 곳이란 걸 알게 했다. 내 유년의 기억이다. 꿈결에 언뜻 할머니가 안 보여 선한 마음에 문을 열어 보았다. 마당엔 달빛이 우윳가루처럼 쏟아져 내렸다. 앞산 능선에 장승의 무리처럼 서 있는 어둑한 소나무 우듬지 위에도 얼비치며 도깨비불처럼 굴렀다. 잠시 뒤 사립문이 흔들리며 물동이를 머리에 인 할머니가 들어왔다. 우물에 물 차오르기를 기다리다 오밤중에 남 먼저 길어 오신 모양이었다. 물동이에 비친 달빛도 함께 받쳐 든 할머니의 흰 소맷자락은 선녀만 같았다.

우물이 두 군데 있었다. 산기슭 아래 소쿠리처럼 벌어지며 박힌 마을은 위쪽의 못물이 마르면 우물물도 같이 줄었다. 가뭄이라도 들어 논물로 빼버리고 나면 먹을 물 걱정을 해야 했다. 같은 물이었으련만 늙은 향나무 한 그루가 뿌리를 박은 위쪽 곳이 좋다 하여 그쪽으로만 모여들고 아래쪽엔 어쩌다가 두레박질을 했다. 가끔은 물동이가 줄을 설 정도로 물 긷는

할머니의 물 한 잔

일이 마음 쓰였지만 이십여 호 사람들은 어머니 젖처럼 나누어 먹었다.

하얀 물사발을 앞에 놓고 절을 하는 할머니를 보곤 했다. 아침나절이었을 때도 있었지만 새벽에 부엌이나 장독대에서 중얼대는 소리가 났다. 두 손 모은 채 연신 머리를 조아렸다. 할머니가 갑자기 낯선 얼굴처럼 괴이쩍기도 했다. 중얼거림은 조왕신이며 사방신에게 새벽에 길어온 정갈한 물을 바치며 집안의 안녕과 무병 무탈을 비는 할머니의 주술이었다. 내가 아플 때도 점쟁이를 불러 상 위에 물 한 사발 놓고 또 절을 했다. 할머니의 주술엔 늘 하얀 사발의 물 한 그릇이 있었다.

영험한 우물물이었던가. 물벌레가 떠다녀도 입바람으로 밀쳐내고 마시기도 하고 보리밥 말아 풋고추에 된장 한 종지로 끼를 채워도 무탈하게 힘만 났다. 요즘이라면 손도 대지 않을 일이지만 할머니의 원이 닿은 조왕님의 보살핌 덕이었던가도 싶다.

할머니의 새벽 물동이의 물은 서리가 내릴 무렵엔 아침상에 숭늉으로 올라왔다. 얼굴에 서리는 구수하고 은근한 냄새는 오늘 입맛을 붙잡는 별의별 음료의 향도 이를 넘지 못한다. 숭늉 한 사발씩 마시는 것은 한 식구라는 끈을 확인하는 의식 같은 느낌이었다. 전투에 나선 사람의 무운을 비는 것처럼 가을걷이 나가는 아침에 마음 다잡는 힘 같은 것이기도 했다고 할까. 농사꾼을 농사꾼이게 만든 물, 할아버지의 위엄 있는 목소리도, 쟁기질도, 호미질도, 타작마당의 농요 타령도 숭늉의 기운을 받았던 것이 아니던가. 사는 일이 메말라 가는 것은 식탁 위에 숭늉의 훈기가 사라진 것도 이유가 되지 않을까 싶다.

한 동이 물을 얻으려 몇 킬로를 걸어가는 아프리카 사바나 지역의 오지 사람들을 방송에서 본 적이 있다. 그나마 우리가 늘 대하는 맑은 물과는 애당초 비교할 수도 없는 흙탕물이었다. 오염된 물로 인한 질병이 심했다. 병색이 짙은 아이의 얼굴에 득실대는 파리 떼 속에서도 그 물을 나눠 먹으며 웃는 모습이 아렸다. 광대무변한 우주의 티끌 같은 지구의 지표에도 신은 물을 골고루 묻어놓지 않았나 보다. 천혜의 물 복을 받고도 복이 아닌 듯 여기며 더 좋은 물, 다른 맛의 물에 목매는 우리 얼굴이 그 오지 사람들보다 더 불안하다.

모종 부어놓은 듯 이웃한 커피집 한 곳을 찾았다. 사람 만날 곳이 마땅찮아 가긴 가지만 늘 분위기에 어설프다. 낮도 밤도 없이 불나방처럼 윈도의 불빛을 찾아 복닥대며 웃는 사람들을 살피다가 왜 숭늉 파는 집은 없을까 하는 생뚱맞은 생각을 한다. 국수 먹고도 커피 한 잔 기어이 마셔야 사는 격이 맞는 줄로 안다. 사람 모이는 찻집의 분위기가 좋고 시쳇말로 소통을 하기 위해서란다. 그런데 날마다 커피잔 들고 수많은 사람이 풀어놓은 수많은 말은 어디 갔을까? 나날이 마주치면서도 부부간에, 식구끼리, 직장에서도, 학교에서도, 총 들고 하나되어야 할 군에서조차 소통이 안 되어 망조가 들었다고 야단이다. 이름도 헷갈리는 오만 커피 맛은 즐기면서 마주앉고도 생각이 다른 많고도 많은 사람의 맛을 외면해 생긴 일이 아닌가.

할머니의 정화수 한 그릇으로 엮는 주술 같은 소통이 그립다. 새벽 달빛이 녹아든 물 한 그릇은 말없이도 식구들을 동여매고, 이웃을 잇고, 조상도 불러내고, 신과도 통하게 했다. 옛적 물 한 사발, 숭늉 한 그릇의 울림을 못 잊어 괜히 찻집에 심술을 내뱉는다. 커피 내어주듯 내게 밥 먹기 전 물 한 잔이라도 부어주는 이가 있으면 더 행복해질 것만 같다. 정화수 한 사발에 원을 담은 할머니의 심정으로 한 잔 물을 권하는 세상이 되면 어떨까 싶다.

밥상 앞에서 빈 물잔을 대하면 허해진다. 더구나 각자 제 먹을 물만 채우고 말면 막막함을 느낀다. 가신 지 삼십 년도 넘었건만 난 여전히 할머니의 물 한 잔을 문득문득 찾고 있다.

2013. 9.

아버지의 물건

 자갈길인 듯했다. 차를 빨리 타라며 손짓했다. 검은 관용차처럼 생겼는데 두어 사람이 같이 타고 있는 것 같았다. 갑자기 마려워진 소피를 보고 나오니 차가 오르막길에 서 있었다. 저만치 언덕을 바라보고 있는데 누가 거기 서 있으면 안 된다고 했다. 두리번거리다 잠이 깼다. 손짓하던 사람을 떠올리니 아버지 같았다. 희미하지만 아버지 모습이었다.
 떠나신 지 십 년이 넘었어도 좀체 꿈에 보이는 법 없던 아버지였다. 잠이 달아났다. 어제 아버지 때부터 거실에 놓였던 텔레비전이 영 고장이 나 새로 바꾸었다. 혼자 사시는 어머니와 함께 늙어 온 놈으로 지난달부터 헉헉대더니 명이 다했다. 떠들어주던 소리가 없으니 더 심심하고 갑갑하다고 하셨다. 정리하는 김에 옆에 먼지투성이로 거치적대던 오디오도 같이 치

왔다. 그전에도 몇 번인가 아버지의 물건을 내다 버렸다. 아버지의 손때가 묻은 거지만 어머니에게는 거추장스럽기만 했던 모양으로 자꾸 버리고 싶어 했다. 아버지는 당신의 물건을 치워버리는 일이 못마땅하여 나타났을까 싶었다.

며칠 뒤 아내 생일날, 아이들이 수성못 위쪽의 한 식당을 정했다. 좋은 야경이 내다보이는 언덕배기였다. 한 시절 아버지와 이쪽 동네에서 살았다. 손자 녀석의 재롱을 보면서도 문득문득 아버지를 떠올렸다. 가족이 함께 있어도 내 가슴에만 섬처럼 아른거리는 아버지의 환영이었다. 당신의 늘어난 식솔들이 도손거리며 밥 먹는 걸 보신다면 얼마나 흥감해 하실까. 이 식당의 자리는 아버지와 내가 늘 지나치던 길목이었고 커다란 감나무가 있었던 근처로 짐작된다. 지산동, 동네 이름만 떠올려도 아련한 일들이 실처럼 풀려나온다. 그땐 길고 조붓한 논길이요 밭둑길이었다. 아버지가 내게 남긴 물건 따라 생각은 날개를 단다.

이가 아팠다. 심한 통증에 밤새도록 매서운 문풍지 바람 소리를 들으며 데굴데굴 굴렀다. 참고 있어야만 했다. 할머니와 살던 유년 때였다. 신작로가 있는 장터 마을에 의사가 있었지만 아무나 쉬 찾을 수 없었다. 아버지가 오셔서 그 의사에게 데리고 갔다. 이를 빼고 나니 땅도 하늘도 제대로 보였다. 그때는 내과니, 외과니 하는 구분이 있는 것도 아니고 아픈 사람은 다 보는 만능 의사였다. 치료를 받아내느라 퉁퉁 부은 얼굴의 눈물자국을 안쓰럽게 내려다보시더니 따라오라고 했다. 학교 앞 문구점에서 비행기 모형의 연필깎이와 노트며 지우개, 연필을 손에 쥐어 주며 공부 열심히 하라고 했다. 다 쓰고 떨어지면 아주머니에게 달라 하라며 별도로 얼마간의 학용품 값을 미리 계산도 한 모양이었다. 그러시고는 경주로 가는 기차를 타신다며 역으로 휘적휘적 걸어가셨다. 인사도 못 하고 아버지 뒷모습이 안 보일 때까지 멍하니 서 있었다. 쇠로 만든 비행기 모양의 연필깎이는 아이들이 모두 갖고 싶어 했다. 비행기 몸체의 구멍에 연필을 넣고 날개를 잡고 돌리면 곱게 깎아졌다. 며칠을 친구에게 으스대고 다녔다. 기억으로는 처음으로 아버지에게서 받은 아버지의 물건이었다.

뒤꼍 부엌에 붙은 시렁 밑은 어둡고 눅눅했다. 거미인지 애수시렁이인지 다리에도 목덜미에도 뭔가 붙어 스멀거리는 느낌도 들었다. 동생과 거기에 쪼그리고 숨어들어 갔을 땐 벼타작 일을 끝낸 일꾼들이 저녁 먹을 때였다. 왁자한 소리가 들리지 않으니 시간이 제법 흐른 것 같았다. 어머니와 할머니가 우릴 찾으려 등불까지 들고 온 집을 뒤지며 부르는 소리가 들려도 나가지 못했다. 아버지가 겁이 나서였다. 학교에서 퇴근한 아버지가 놉 데린 일꾼들에게 얼마 전에 사 온 라디오를 자랑하려 틀어보았는데 고장나 있었다. 이십여 호 마을에 우리 집에만 있는 거였다. 손대지 말라는 엄명이 있었던 터였다. 호통은 손도 대지 않은 나와 동생에게로 떨어졌다. 까닭도 모

아버지의 물건 139

르게 밥 먹다 말고 쫓겨나 숨은 곳이 시렁 밑이었다. 아버지는 그 후로도 라디오 부품을 사들여 손수 조립하여 만들어 들으시기도 했다. 엔지니어 쪽 성향이 강했고 그렇게 뭘 새로 만들고 일을 벌이는 습성이 아버지의 힘이었다. 초등학교 상급학년쯤에 라디오란 아버지의 물건으로 혼쭐이 난 일이었다.

아버지 사십 중반 때 경주 심곡深谷의 고향을 떠나 대구로 올라왔다. 내가 대학에 입학한 이듬해였다. 남부럽지 않는 살림인데 왜냐며 집안 어른들이 말렸다고 했다. 후일 그대로는 자식들을 제대로 길러낼 희망이 없었다고 들려주었다. 그럼에도 가끔 느꼈던 아버지의 뜨거운 기운이 다른 뜻을 펴고 싶었고, 교직에 만족을 못했을 것이라는 짐작을 했다.

학교밖에 몰랐던 선생님이 양계 사업을 같이하자는 친구의 청을 받아들인 것이 애초에 무모했다. 집과 전답을 팔아 투자했으나 이미 기울어진 회사였다. 식당이 있는 위쪽 산비탈의 양계단지였다. 계사가 딸린 허름한 벽돌집 사택에서 살았다. 닭 병이 휩쓸고 공급 과잉으로 계란 판로 찾기도 쉽지 않았다. 나는 닭 먹일 물 길어 나르랴, 먹이 주랴, 계란 팔러 나가랴, 닭똥 치우랴 허리가 휘어졌다. 살아낼 일이 불안했다. 어머니의 등에도 늘 물지게 흔적의 피멍이 맺혀 있었다. 할머니는 집 밖 언덕에 앉아 말없이 하늘만 쳐다보곤 했다. 이 년여 만에 200여 마리 닭만 겨우 아버지의 물건으로 남았다.

일본에서 보낸 아버지의 엽서를 받았다. 볼 일이 잘되어 간다는 말과 할머니 걱정을 하며 집 잘 지키라고 했다. 착잡한 심사와 감상을 적어놓았던 것으로 기억한다. 빈손으로 새로 시작한 운동구 제작 사업의 거래처를 잡기 위해 일본에 가신 때였다. 아버지는 일본에 유학했다. 할아버지의 원려였다. 태평양 전쟁터로 끌려갈 뻔했다가 가까스로 도망쳐 나와 대구농림을 다녔다. 그 연고로 대구에도 지인이 많았다. 수출지역이 일본이라 그때 익힌 일본말이 돛이 되었다고 했다. 내가 제대 후 대학 복학은 언감생심, 막노동 몇 달 끝에 용케도 공무원을 막 시작한 때였고 동생들의 학업조차 어려운 형편이었다. 막내의 일이 늘 에였다. 전쟁터에서 퇴로가 끊긴 병사처럼 아버지 삶의 결기가 담긴 물건, 엽서를 몇 번이고 읽으며 생각에 잠겼다.

쓰린 몇 해가 흐른 뒤였다. 집을 불려 이사 가는 날 텅 빈 닭장만 아버지의 지산동 마지막 물건으로 부스럭대며 먼지를 날리고 있었다. 온갖 상념들이 같이 날렸다.

사업을 일군 지 이 십여 년 물건을 많이도 불렸다. 남의 청을 거절 못 하는 성격이라 기부한 것만 해도 몇 살림 차렸을 거라고 했다. "적선을 많이 해서 너거 아부지는 좋은 데 갔을 끼다."라는 말을 어머니는 지금도 수시로 하신다. 버는 것만큼 관리하는 데는 서툴렀다. 친구들이 달려들고 친척들이 손 내밀고, 라이온스 하며 여러 봉사단체의 회장을 맡았고, 향교 일에도, 문중 일에도 연락을 해오니 식솔들보다 남을 더 챙긴다고도 했다. 따라만 다니면 한 살림 줍는다는 말이 나올 정도였다. 어머니 속을 크게 헤집은 일은 없었지만 여자들에게도 흘러갔다. 아버지의 물건은 컸고 골고루 헤폈다.

아버지의 물건이 늘 많고 우람할 수야 없었다. 시절 운 따라 사는 법이라 했던가. 동원산업사東原産業社를 일구어 땀흘려 갈무리했던 물건을 흩날려버리고 수성동의 신세계 아파트에 둥지를 틀었다. 당신의 물건을 이으려 불러들인 자식의 그릇이 큰 물건을 담을 수 없는 허한 그릇이었다. 지켜볼 뿐이었으니 나도 허한 그릇이었다. 어찌하랴 가운인 것을.

아버지는 그릇에 넘치던 물건을 생각하며 몇 년을 회한에 젖은 얼굴을 보이더니 끝내는 평온한 얼굴을 했다. 물건을 원대로 담아주지 않는다고 발걸음 뜸해진 하나뿐인 삼촌네의 일도 못내 서운해 하면서도 어쩌지 못할 일로 받아들인 모양이었다. 좋아하셨던 복어탕을 사드리면 후루룩 남김없이 맛있게 드시던 모습에 내 가슴엔 눈물이 났다. 한때 포효하던 범띠의 장부였다.

아버지가 떠나신 것은 월드컵 경기로 온 나라가 춤을 추던 때였다. 칠월 초였다. 감기 뒤끝에 며칠 전부터 숨이 가빴다고 했다. 오래전 사업으로 동분서주할 때 부산에서 당한 교통사고로 걸음이 시원찮았고 당뇨로 두 해 전부터는 한쪽 눈을 실명했다. 운동을 싫어해 거의 집에서만 칩거하시니 심약해졌다. 폐렴이라고 했다. 감기 후유증 정도로만 인식하고 병세를 너무 등한시한 것이 가슴 아린 후회로 남는다. 괜찮겠거니 했는데 대학병원 응급실에 들어가신 지 며칠 만에 상태가 급변했다. 끝내 숨을 돌리지 못했다. 더 남은 생을 붙들지 못한 것 같아 지금도 가슴을 때린다. 만불산 아버지의 집을 지키는 한 그루 나무를 푸르게 하기 위해 나는 해마다 애를 쓴다. 마지막 숨을 거두시기 전 아버지의 눈가엔 눈물이 스미었다. 그 의미를 어찌 알 수 있으랴.

아버지! 꿈에서 뵙는 것은 좋지만 같이 어디로 가자고는 아직 하지 마십시오. 어머니가 버리고 싶어 하는 아버지의 물건이 아직 많거든요. 마음에 아니 든다고 짜증도 내시고, 보이지 않으면 일이라도 난 것처럼 쩔쩔매기도, 화를 내기도 하며 찾으셨던 제 어머니라는 아버지의 물건도 제가 버려야 할 일이라 요즘 고심이 커집니다. 아버지의 물건으로 인해 기억의 언저리에 잠들고 있던 일들을 불러내어 적어 올립니다. 늦깎이로 대학 문을 나왔을 때 "螢雪의 功"이라고 포장지에 자필로 눌러 쓴 만년필 한 자루가 제게 주신 가장 소중한 물건이 되었습니다. 그 만년필의 힘으로 오늘 이렇게 글을 씁니다. 아버지의 채찍 같은 물건이었습니다.

2014. 10.

밥그릇 춤

문을 따고 내민 안노인의 얼굴이 곰삭은 삼베 주름 같다. 도시락을 받아들고 다시 이부자리를 찾아가는 뒤뚱거림이 불안하다. 방 안에선 장마철 같은 후더분한 열기가 덮쳐 나온다. 한 줄 복도에 이어진 끝 집, 이번엔 힘에 부치는 듯 손을 내민 노인장이다. 아파트 몇 층을 오르내렸다. 현관문에 도시락 봉지를 걸어 두고 온 한 곳이 마음에 걸린다. 두드려도 대답이 없었다.

아프리카 사바나, 한 마리 사자가 초췌하게 서성거리다 홀로 무리를 떠난다. 더는 사냥할 수 없게 된 다리를 쩔뚝이며 돌아올 수 없는 운명을 받아들인 뒷모습이 처연하다. 초원의 덤불 어딘가에서 다른 생의 먹이로 해체된 형해의 몰골로 드러누우리라. 나는 원초적 본능이 춤추는 사바나가 좋다. 물고 물리는 끝없는 광야의 생동감에 나는 내 존재의 이유를 물을 때가 있다. 사는 일이 멍청해지려 하면, 거기 이글거리는 '동물의 세계'로 고개를 돌린다. 내가 한 짐승임을 잊어버리고 원래부터 인간이었다는 착각을 치유하기 위해서다.

밥 만드는 법을 배워본다며 일 년도 넘게 칼을 잡았다. 나날이 목으로 넘겨야 할 그 밥으로 벌이에서 멀어진 내 백수의 있음이 허해서였다. 먹기 위해 숨쉬고 있는 것 같은 얼굴을, 멀쩡한 채 밥의 포로가 되어가는 일을 가리고 싶었다. "베이비 부머 후기 인생 자아실현 프로젝트 남성 요리교실"이란 긴 제목을 내붙인 한 복지관의 강좌에서 마늘과 대파, 생강과 후추의 향을 파고들었다. 젖어오는 만족감과 안도감이 좋았다. 홀로 사냥을 할 수 있다는 원초의 자존감 아닐까. 뭘 그런 걸 하려 하느냐는 아내의 웃음 띤 힐난도 부추기는 바람이었다.

모아놓은 레시피가 두툼하다. 튀어 붙은 양념 물이 곳곳에 추상화를 그려놓았다. 몇 장의 윗면에 '도시락 봉사'라고 적은 메모가 눈에 띈다. 영세민촌으로 혼자 사는 노인을 찾아간 날이다. 설익은 풋솜씨로 도시락을 만들어 드린다는 게 처음엔 생뚱맞았다. 요리를 웬 공짜로 가르쳐 준다 싶었던 복지관의 속내에는 홀몸 노인의 밥그릇 챙기는 일도 함께였다. 스물댓 건달들이 어설픈 밥 심부름꾼으로 나섰다. 내겐 내 먹이를 스스로 마련하는 태초의 야성을 더듬어 불러내는 의식이요, 사바나의 짐승이 결코 따라 하지 못할 여분의 먹이를 만들어 사냥

불능의 동류와 나눌 줄 아는 인간임을 확인하는 일이었다.

　올해 마지막 봉사 날이었다. 채썰고, 볶고, 데쳐내며 만들어 그릇에 담아놓은 짜장의 향기가 그럴듯했다. 내 솜씨인가도 싶어 신통하기까지 했다. 도시락 한쪽에 담은 면과 밥에 넣으면 짜장면과 짜장밥이 된다. 별찬으로 잡채를 곁들여 놓았으니 저녁 한끼 거리는 되리라. 입춘의 바람이 문고리에 차갑기만 했던 첫날부터 문간 틈새에서 만났던 노인들의 마른 얼굴이 겹친다. 고맙다는 어설픈 몸짓마다 받아 안을 수 없는 외로움과 고단함이 밀려왔다. 그건 인간의 밥그릇이 생긴 후 어쩔 수 없는 뒤처진 자의 음울함이었다. 입에 맞았을까 켕기면서도 손에 건네 드린 그 이후를 구태여 알아보려 하지 않았다. 허기 채우기 바쁜 심사를 헤아리며 조바심만 내었다. 왜 하필 오늘 짜장면일까 싶었다. 새마을 깃발이 거리마다 서러웠던 시절, 별수 없이 많이도 먹어댔던 그 흑갈색의 향이 가슴팍을 더 아리게 해드릴지도 모른다는 생각이 들었다. 아파트 가로엔 떨어져 내린 가랑잎이 날리고 있었다.

　남자의 요리가 대세라는 말을 자주 듣는다. 방송의 화면마다 요리하는 남자의 얼굴로 넘친다. 나는 이게 무슨 일일까 싶어 따져 생각했다. 용케도 조선의 사내들은 공자님 말씀이라 둘러댄 이후 밥 전투의 고지를 차지하고는 의기양양해 왔다. 이 땅의 여인들 등이 휘도록 긴 세월을 내리덮은 말씀이 되었다. 이번엔 시대 흐름이 바뀌었다며 또 둘러댄다. 그건 고지를 지킬 힘을 잃은 후예들의 고백을 포장한 말이 아니던가. 태초의 광야에서 인간 수놈이 원래 밥주걱을 들었거늘 괜한 변명이 시끄럽다.

접시를 든 건달들의 행렬이 길다. '자아실현'이란 이름표를 내건 몇 사업들을 마감하는 복지관 협회의 워크숍 자리의 뷔페. 가재처럼 옆걸음을 하며 앞에 놓인 먹이를 고르느라 분주하다. 눈빛이 사바나의 그것과 다르지 않다. 먹이가 여유로운데도 사냥에 나선 조급함과 민첩함이 닮았다. 끝 무렵에야 과일 접시를 내밀며 느긋해 한다. 어쩔 수 없는 짐승이다. 나와 같은 조리대에서 칼을 잡았던 옆자리 노틀이 그제야 나도 혼자인데 다른 노인네에게 밥을 나르고 있었다며 웃는다. 그의 곤한 눈빛으로 짐작은 했지만 무거운 입이 마침내 열렸다. 대책 없어 보이는 초로의 건달 하나가 대책 있을 리 없는 노인을 걱정하는 소리다. 세포 분열하듯 늘어나는 늙은 입들을 나라님 재주로만 어찌 감당할까 싶다.

내 어머니도 많이 늙어있었다. 정작 혼자일 때가 많지만 그래도 괜찮은 형편이라 여기며 찾아 챙기지 못했다. 주방의 그릇도 힘이 빠져 보인다. 멸치, 무, 양파, 북어 대가리를 넣어 구수한 맛국물을 만들어내고 강판에 감자 썩썩 갈아 옹심이를 빚어 끓였다. 마침 밖엔 비가 부슬거리고 있었다. "얄구재라. 애비가 우째 이리 맛있게 만들었노?" 내가 점심 해드리겠다 했을 때 펄쩍 뛰듯이 손사래를 치시며 참 별일 다 있다고 했다.

남정네들이 밥한다는 이야기를 들어 알지만, 당신의 자식이 부엌에 서는 게 영 마뜩잖은 모양이었다. "인자 하지 마라. 거기 껌정 묻는다." 불쑥 던지신 한마디가 이제 전설처럼 들린다.

저세상과 동거하는 듯했던 문간 노인들도, 갑작스레 요양병원에 눕게 된 어머니도 사위어가는 의식의 거죽을 자연의 물질로 환원시키는 절차가 길고 더디기만 했다. 어쩌면 그건 모두가 외쳐대는 복지란 이름의 사육이 아닌가도 싶었지만 입을 열 수 없는 일이었다. 초원의 한 귀퉁이에서 사그라지는 육신을 다른 생명에게 내맡겨버린 사자의 마무리가 외경하기까지 하다.

결국, 모두 밥과의 전투에서 지고 말 일이겠지만, 그래도 나는 내 황혼의 초원에서 내가 만든 밥그릇으로 순간이 될지언정 춤을 추는 짐승이 되고 싶다.

《수필과비평》 2017. 11.

산성의 봄

　남포루南砲樓의 바람이 아직 매섭다. 발밑 노송을 움켜잡은 절벽이 피리 소리를 낸다. 누각의 터였을 길섶에 검은 기와 몇 조각이 햇살을 퉁기며 산성의 흔적을 풀어헤치고 있다. 산 아래 성의 정문인 진남문鎭南門의 성곽이 봄빛에 너울댄다.
　가산산성架山山城, 팔공산 지맥의 서쪽을 마감하는 칠곡군 가산 능선에 진을 친 산성이다. 성의 흐름이 한눈에 내다보이는 남포루 바위에 올랐다. 해발 구백여 미터인 가산의 팔부능선이다. 산밑의 아지랑이를 실어 나르듯 꿈틀거리며 올라온 성곽은 이곳을 돌아 서쪽 가산바위로 굽이쳐 오른다. 멀리 성의 동쪽 끝이 치키봉이 엷은 구름을 짊어졌다. 삼십여 리의 산성, 유실되고 퇴락했지만 조선 여인네의 치마 주름처럼 능선을 휘감아 다시 진남문에 이른다.

산꼭대기에 웬 성이냐 싶었다. 첫 발걸음 때 던진 물음을 찾아 수없이 오르내렸건만 성벽에 부딪히는 바람 소리만 무심하다. 임진왜란, 병자호란도 넘긴 인조 임금 때(1640년) 쌓기 시작했다. "경산, 하양, 신령, 의성, 군위의 군영 및 군량이 이 성에 속하고 성내에 칠곡도호부를 두었다."고 적고 있다. 근 백 년간에 걸쳐 내성과 외성, 중성을 축조하고, 백팔십여 년간 도호부의 치소가 성내에 있었다. 정상 언저리의 동문과 중문, 서문, 북문이 풍상에 깎였지만 의연하다.

청도 팔조령을 넘은 왜군이 대구도성을 헌 짚단 넘듯 하면서 칠곡, 왜관을 거쳐 조령으로 거침없이 올라갔다. 힘 한번 써보지 못한 전쟁의 뒤끝에야 진군의 길목이었던 가산의 가치가 눈에 보였던 것인가. 성을 쌓은 것만 자랑해대는 초입의 안내판이 답답하다. 축성의 사연을 고백 못 하고 에두르는 말 위에다 소 잃고 외양간 고쳤다는 내 해설을 덧칠한다.

나고야성을 찾았을 때였다. 조선 정벌에 나선 왜의 결기에 아연했다. 허술하기만 했던 조선의 방비에 저들도 놀랐다는 기록이 더 아렸다. 의기양양하게 칼을 찬 동상으로 뜰에 선 왜장 가토기요마사加藤淸正를 쳐다보며 마른침을 삼켰다. 삼백 년 뒤 청일전쟁에서 세를 얻은 왜는 다시 대구읍성을 부쉈다. 무참히 무너졌다. 지적인 가산산성은 뱀 허물처럼 남겨두었다. 고쳐 지은 외양간도 힘써 볼 일 없는 산지기로만 보였기 때문이었을까.

남포루에서 가산바위로 치올라가는 성곽 위를 걷는다. 성의 옛 모습이 제대로 남아 있는 곳이라 순라에 나선 당찬 병정의 심사가 된다. 지난해 성곽 복원사업으로 엉겨붙은 고목을 베어낸 터라 훤칠하다. 성벽에 갇혔던 세월이 꿈틀거린다. 그렇다. 나는 비로소 용의 성이라 감히 이름 붙인다. 뱀 허물이 아니라 능선 위로 굽이치는 용틀임이었다. 절벽으로 솟아오른 가산바위는 내리뻗는 산아래를 응시하는 용머리다. 위쪽의 팔십 평이나 되는 넓적한 바위틈에 신라의 고승 도선道詵이 가산의 지기를 다스리려 쇠로 만든 소와 말의 형상을 묻었다는 이야기가 전해온다. 바위는 수없이 찾아온 사람들의 자취를 감추며 오늘 더 무심하다. 바닥에 등을 대고 눈을 감는다. 쌓인 이끼에 내려앉은 억겁의 세월, 그 한 타래의 틈새를 열어 옛 산성을 둘러본다.

성을 축조하는 군역에 나선 장정들이 보인다. 잠방이에 베적삼을 걸쳤다. 계곡마다 지천으로 쌓인 암괴가 석재다. 돌을 다듬어 옮기고 쌓느라 땀투성이다. 말 달려 오가며 일꾼들을 채근하는 칼 찬 병정이 소릴 지른다. 비바람 피하고 눈 붙일 거처와 끼니를 때울 밥집이 보인다. 주막집에서 지어미, 자식 그리며 한을 뱉어내는 노랫가락도 들리고 논다니와 걸쭉한 사랑에 빠진 떠꺼머리총각도 보인다. 객기에 붙은 싸움판이 시끄럽고 돌에 깔려 세상을 하직하는 장정의 주검도 스친다. 이 바위에 오른 병졸들이 산아래로 내 짖는 고함도 들린다. 여기는 군세를 살피는 전망대였던가.

  가산바위에서 중문을 지나 동문으로 이어지는 구릉의 등산 길이 말 달리던 옛 그 길인지는 알 수 없다. 군영의 발굴지에서 나온 기와 조각, 돌 조각으로 자취를 더듬어 볼 뿐이다. 왼쪽 늪지엔 물이 찼고, 겨우내 얼어붙었던 연못은 옥색 물빛으로 구름 조각을 띄웠다. 움을 틔우는 나목들의 수런거림이 들린다. 병영이었을 싶은 비탈마다 온통 샛노란 복수초가 덮었다. 세상에 이름난 군락지라 했던가. 세세연년 산성의 봄을 기다렸을 병정의 함성처럼 바람에 일렁인다.

  치키봉으로 흐르는 능선의 성벽엔 붉은 진달래가 산성에서 살다 간 사람들의 혼령처럼 피어 흔들린다. 고갯길을 지키는 '할매바위 할배바위'가 봄을 타는 듯 마주보고 졸고 있다. 성벽에 흐른 시간을 짊어진 듯 꾸부정하다. 성 밖의 남원리에서 만난 할머니 같다. 지난해 가을 당나무 아래에 앉아 구르는 낙엽 보며 맺힌 한을 풀어내었다. 태평양 전쟁 때 남양군도로 끌려가 소식 끊어진 남편이 생각나면 나물 뜯는 척하며 몰래 할배바위를 찾았다고 했다. 할머니는 만날 수 없는 영감을 쳐다보기만 했던 할매바위였다. 친정에 오면 나를 자주 업어주었다던 내 큰고모할머니도 남양군도로 떠난 할아버지를 평생 기다리기만 했다. 부자 된다는 말에 턱없이 따라갔다고 했다. 개울 소리며 옛 집터의 샘물은 그대로건만 계곡 바위는 천년 세월을 삭이며 산성 사람의 질경이 같은 삶에도 묵언이다.

초입 기슭으로 내려섰다. 군량미와 물자를 보관하던 남창의 자리다. 성을 쌓는 데 칠십두 개 고을에서 연 십만여 명의 인력이 차출되었으니 이곳에 자연스레 마을이 들어섰으리라. 한때 백여 호가 넘었는데 육이오 전쟁이 끝난 이듬해 엄청난 폭우로 덮친 산사태에 파묻혔다고 봄나물 파는 할머니가 내력을 전한다. 돌담의 무더기와 뽕나무의 그루터기, 둔덕의 참나무 고목에서 흔적을 더듬는다. 깃발을 다시 세우는 날 웅위한 터가 될 지세이다. 그 후손들이 진남문 밖 남원리로 옮겨 살게 되었지만 남창을 옮겼다 해서 자기들끼리는 새남창이라 부른다.

남창의 비탈, 해거름에 긴 그림자 드리운 벚나무에 스치는 산바람이 벚꽃을 날린다. 대숲에도, 성벽 위에도, 포장마차 주점에도, 잡은 잔 위로도 흩날린다. 오늘 산성에 살다 간 혼령들 불러내어 잔에 벚꽃 띄워 권주가를 부르고 싶다. 그 논다니는 가고 없지만 새남창에 산다는 포장마차 아줌마가 달처럼 참하다. 산그늘이 깊어진다. 날이 저문다. 칠곡도호부의 군영, 진남문 문루에 봄 귀신이 들락거리며 휘이휘이 춤을 춘다. 도선은 왜 가산의 지기를 다스리려 했을까…. 용의 승천을 늦추려 했던 것인가. 이제 고친 외양간이 아닌 용의 성이다. 물 건너 나라가 또 심상찮다.

2013. 4.

어디서 본 사람 같은데요

"커피 한 잔 드릴까요?" 서너 걸음 옆 의자에 앉은 여자가 내게 물었다. 자주 오르는 산길의 중간쯤 그늘 깊은 참나무 아래다. 바람에 일렁이는 연초록 숲이 발정난 것처럼 봄 냄새를 쏟아낸다. 옆에서 나를 자꾸 쳐다보는 시선을 느끼던 차였다. 육십은 넘어 보이는데 간식을 먹으려는지 배낭을 풀고 있었다. 얼떨결에 고맙다는 말부터 해버렸다.

산에서 이따금 커피 한잔 받아들 때가 있고, 막걸릿잔도 건너올 때가 있다. 혼자인 내 얼굴이 말라 보였거나, 옆에 사람 두고 음식 먹는 걸 켕겨 하는 우리 습속 때문이라 여기면서 눈치도 없이 고맙다는 말과 바꾸곤 한다. 주로 젊은 짝들이나 무리로 왁자한 사람들로부터 받는 호의였지만, 혼자인 여자로부터 권해 받는 것은 생경하다.

"홍차를 탔습니다." 종이컵을 내밀며 엷은 웃음을 띤다. 커피보다 이게 아저씨에게 좋을 것 같다는 말을 덧붙인다. 초면에 내 몸 걱정도 담았다는 뜻이니 눈길이 달리 간다. 얼굴에 검버섯이 나 있지만 희고 맑다. 긴 모자챙 사이로 흰머리가 날린다. 다시 짐을 헤치더니 산아래에서 사 들고 온 떡이라며 권한다. 나도 가져온 게 있다며 사양을 해도 혼자 다 먹지 못한다며 내미는 것이 억지스럽다. 또 건네받기 미안해 내가 그쪽으로 움직인 사이 쉴 곳을 찾던 사람들이 내 자리를 차지해버렸다. 어물거리다가 그 여자와 둘이서 배낭을 사이에 두고 앉게 되었다. 강낭콩이 먹음직하게 박힌 개떡이었다. 반을 뚝 떼어 비닐봉지에 넣어 건넨다.

"아저씨는 왜 혼자 왔어요?" 자리에서 먼저 일어날 말을 찾으려 애쓰는데 어설픈 침묵을 깨고 도발하듯 묻는다.

"혼자 잘 다닙니다. 그래야 바람 소리, 새소리도 제대로 듣지요."

"아주머니는 왜 혼잔데요?"

"친구에게 연락해 봤는데 다 볼 일이 있다고 해서 혼자 와 봤서예."

묻지도 않았는데 혼자 살고 있다고 했다. 자식이 셋인데 잘 찾아오지도 않는다는 말도 덧붙이며 웃는 웃음이 허해 보인다. 조금 전 오던 길에 젊은 남자가 작업을 거는 것 같아 피했다는 말도 내놓는다. 엉뚱하다 싶어 갑자기 의문스러워진다. 넘는

어디서 본 사람 같은데요 155

말투에다 '작업 건다'는 말이 더해졌기 때문이다. 시중의 점잖지 않은 입에서 담아내는 말이어서 혹시나 싶었다. 산에서 남자에게 접근한다는 여자 이야기를 들은 기억이 났다. 이 산은 지하철 종점에 붙은 곳이라 백수들이 많이 찾는다. 생긴 분위기로 보아 그렇지는 않으련만, 말이 많을 것 같아 잘 먹겠다는 인사를 건네고는 일어섰다. 때마침 자리 생겼다며 앉으려던 일행의 한 명이 내 등을 친다. 옛 직장 동료였다. 오랜만에 보는 사람이었다. 엉거주춤 서 있는 내 옆 여자에게 "사모님 되십니까?" 하며 꾸벅 절을 한다. 이런 일이 싫었다. 설명하고 말고도 없이 사모님이 되어버렸다. 자리를 같이 떴다.

"아저씨, 몇인데요?" 일이 묘하다 싶은데 캐묻듯 하는 말이 직구처럼 날아온다. 헛웃음이 나오려 했다. 여자에게 나이를 바로 대는 게 뭐하기도 해서 소띠라고 했더니 토끼띠라고 응수해 왔다. 나보다 두 살 아래지만 많이 젊어 보인다. 같이 오기로 했다가 못 온 친구 이야기며 멀리 사는 딸 이야기를 흉처럼 꺼낸다. 사람들과 내왕이 뜸해지니 혼자 외롭다고 했다. 내밀해야 할 말이건만 거리낌 없으니 의문표가 더해진다. 마신 홍차는 괜찮은 건가 싶어 배를 눌러보았다.

오르막길이다. "아저씨, 아까부터 어디서 많이 본 사람 같았는데요." 뒤처지기를 바라며 속도를 높이는데 숨가쁘게 따라오며 하는 말이다. 다시 힐금거리며 뜯어보았지만 낯선 얼굴이다. 서먹함을 감추려는 괜한 말인지, 수작을 걸어보려는 말인지를 헤아리며 듣고만 있었다.

"아저씨는 배도 안 나왔고 홀쭉해서 걸음도 잘 걸으시네요. 너무 좋아 보입니다."

"아주머니 얼굴 참 곱습니다."

다시 이어지는 발림 같은 말을 걸기에 곱다는 말로 답하니 키득 웃었다. 언변이 직설적이어서 만약 남자 호릴 그런 여자라면 하수라는 생각이 들다가 혹시 무녀리는 아닐까 싶기도 했다. 그런데 사람을 끈다. 고개 하나를 다 넘어가는데 산아래로 빠져나가는 지름길이 없느냐고 묻는다. 여자의 보폭에 맞춘 느린 걸음이 되레 힘이 들던 때라 잘되었다 싶었다. 왜 그럴까 싶으면서도 지름길을 찾는 이유는 묻지 않았다.

이윽고 갈림길에서 팻말을 가리키니 정작 머뭇거린다. 이 길이 맞느냐며 시간을 끌듯 나를 쳐다보더니 몸을 돌려 내려갔다. 또 한 번 뒤돌아보고는 숲으로 사라졌다. 다시 오르막길이다. 뒤에 따라오던 한 장년이 "저 길은 좁고 호젓해 여자 혼자 가기엔 좀 그런데요." 하며 지나간다. 일행으로 보였는데 의아스럽다는 어감도 섞였다. 나도 한 번도 내려가 본 적 없었다. "아차!" 싶었지만 따라가 부를 수도 없는 일, 내가 잘되었다고 여겼듯이 목석 같았을 내가 별 볼 일 없는 남자로 보여 내려갔을 것이라 여기기로 했다. 휘적휘적 혼자다. 다시 찾은 내 걸음이 시원했다.

늘 쉬던 장소에서 점심 꺼내먹고 있는데 다시 만난 직장 동료가 사모님은 어쩌고 혼자냐고 묻는다. 그 일행도 짐을 푼다. 산에서 만나면 다 사모님이냐고 했더니 모두 한바탕 웃었다. 받은 떡을 한 조각 떼고 넘겼더니 차반이냐며 또 껄껄댔다. '어디서 많이 본 사람 같다.'는 여자의 말을 다시 떠올린다. 누구나 겪는 풋풋한 삶의 말이 유혹의 끈일지를 셈해야 하는 일을 씁쓸해하며 기억을 더듬어 보지만, 아무래도 내가 아는 이는 아닌 것 같았다.

  나도 어디서 본 듯한 사람을 만날 때가 있다. 그냥 지나치면서도 궁금증의 여운이 남는 일이 여러 번이었다. 기억나지 않으면서도 말을 건네고 싶은 사람이 있다. 더구나 남녀 간이라면 막힌 기억을 풀어보려 더 애를 쓰기도 한다. 상·하행으로 교차하는 지하철 에스컬레이터에서 우연히 시선이 마주친 사람이 본 듯도 하여 멀어지면서도 서로 고개를 돌려 좇아보던 일이 있었다. 그쪽은 엷은 웃음도 짓는 것도 같았다. 끝내 기억해내지 못한 그 여자가 며칠이나 나를 붙들었다. 만남의 인연은 숱하게 얽혀있겠지만, 기억이 까마득한 것은 전생의 연이어서 그러려니 싶고, 이생의 연이라도 서로 알아보지 못하는 게 좋겠다는 하늘의 섭리가 아니려나 여긴다.

  갈림길에서 떠난 그 여자에게 나는 무슨 인연으로 본 듯한 사람이 되었을까. 몇 마디 언어의 불편함만으로 선뜻 산을 배회하는 그런 여자로 예단한 것 같아 미안해진다. 머뭇거리며 뒤돌아보던 그녀의 눈빛에서 아니라는 기운이 흐르고 있었기 때문이다. 능선으로 몰려가는 송홧가루처럼 기억의 편린들이 날리기만 한다. 주말에 자주 이 산을 찾는다고 한 내 말을 그 여자가 새겨들었을까 싶어진다.

≪좋은수필≫, 2016. 7.

동성로東城路 축제

1990년 10월 2일, 오롯이 기억하는 날이다. 쪽빛 하늘이 거리에 내려앉던 오후 2시 대우빌딩 앞 고적대의 북소리는 동성로 축제의 태동을 알리는 고고한 울림이었다. 동성로를 메운 사람들은 고적대의 행진을 따라 건물마다 날려 보내 하늘을 덮은 오색 꽃종이에 파묻혔다. 대구백화점 앞 무대 위에 올라선 공연단을 시민들이 둘러싸며 환호했다. 도심에서 벌어진 생경한 광경에 낯설어 하면서도 들썩거렸다. 축제 깃발은 파도처럼 길 위에 넘실댔다.

출근길 동성로에 내걸린 축등을 쳐다보다 그때가 떠올랐다. 올해가 18회째라고 알린다. 그 축제의 첫 등을 밝히려 치른 산고가 쓰렸다. 노태우 대통령 시절 '범죄와의 전쟁' 때로 거슬러 올라간다. 서울올림픽으로 나라 이름값도 오르고 살기도 좋아 지려나 했는데, 폭력단, 인신매매, 부녀자 납치와 같은 우울한 기사들이 연일 신문지면을 채웠고, 거리는 불법 간판, 노점상 세상이었다. 5공 청문회로 불의한 권력이 단죄를 받으며 나라의 영이 허물어진 틈새를 채운 혼란이었다. 범죄와도 연계된 노점상을 정리하는 것이 급한 일 중의 하나였다. 지금 생각해도 거리는 꼴이 아니었다.

대구에도 동성로는 물론 서문시장을 비롯한 곳곳의 시장 주변은 노점상 천지였다. 동성로는 더 심했다. 몇 달간 전 직원이 매달려 전투와도 같은 싸움을 했다. 밀가루 반죽과 오물 세례에, 욕설과 폭력이 난무했다. 아린 봄날이었다. 힘겹게 쫓아낸 그 자리에 노점상이 다시 못 들어오게 하려면 쉬 범접할 수 없는 분위기를 만들어야 한다는 게 여론이었다. 그게 축제를 만드는 일이었다. 이른바 대구의 얼굴인 동성로를 문화적 모습으로 바꾸어 보자는 첫 시도였고 중구청 문화담당 계장을 하고 있었던 내가 맡게 된 일이었다.

축제 깃발이 힘이 없어 보인다. 바람 탓이 아니고 한전변압기박스 지하화 공사로 여기 저기 파헤쳐진 길의 몰골이 그렇게 보이게 한다. 축제의 흥이 제대로 날까 싶지 않다. 그때 첫 축제는 노점상들에게는 삶의 판을 엎어버린 원수였다. 쫓겨나긴 했지만 쉽게 물러나지 않을 기세로 인근 골목에서 진을 치고 해대는 삿대질이 축제가 끝나는 날까지 조마조마했다. 골목마다 배치한 단속 인력이 파김치가 되었다. 범죄와 전쟁을 하겠다는 권력의 초강수에 밀려난 노점상이 두어 해만에 다시 거리를 차지했다. 핫바지 방귀 새듯 하는 뒷심 없는 관청의 일이 늘 그랬다. 거기에다 동성로를 바꾼답시고 전신주를 뽑아내고 길 한가운데에 설치한 한전 변압기 박스가 되레 얼굴 망치는 흉물이 되었다. 야금야금 파고드는 노점상이 기댈 언덕 같은 빈틈을 만들었다. 문화적 감성이 흐르는 거리를 만들어보려 했던 첫걸음의 뜻이 꿈 타령이 되었다는 생각을 했다. 이젠 불법의 노점상과 협상까지 하며 축제기간만 자리를 비워달라며 애걸하는 형편이라고 한다. 사람 모이는 곳에 장사꾼이 모이고, 장사꾼이 모이면 사람이 더 모인다는 게 세상 이치임에도 그 장사꾼을 다른 걸로 채워 보려는 시도가 무모했을까. 축제는 아직 날개를 펼 때를 만나지 못한 모양이다.

 동성로 대모代母라고 이름난 한 여자의 얼굴이 떠오른다. 동성로를 손에 쥐고 노점상 뒤를 봐준다고는 생각도 못할 미모에다 말재간이 있었다. 철거되어 구청 마당에 쌓인 노점 좌판을 찾는다며 왔다가 관용 차량의 타이어를 모두 칼로 찢어버리고도 태연한 여자였다. 축제 담당하는 놈 누구냐며 그만두라고 으박질렀다. 밤길 조심하라며 날을 세운 말에 서늘해지기도 했다. 원래 BBS봉사활동으로 구두 닦는 청소년을 돌봐주는 선한 일을 하다가 이름이 알려진 것이라 했다. 도와주던 아이들이 커서 노점상을 하게 된 탓에 따라붙은 인연이리라. 사십대 중반의 미혼녀였다. 시 총무과에서 일할 때 청사 내에 구두닦

이 좌판 위치 문제로 만나 이야기를 나눈 적이 있었다. 겨울 어느 날 떡만두 한 그릇 같이한 기억도 난다. 몇 년 뒤, 노점상을 내몰고 축제를 만드는 나와 서로 미움의 대상으로 마주하게 되었으니 얄궂었다.

  열 살은 되어 보이는 여자애가 울고 있었다. 한일극장 입구에서 풀빵을 구워 파는 엄마의 치맛자락을 붙잡고 겁에 질린 얼굴에 흐르던 눈물이 잊히지 않는다. 먹고살아야 한다며 다시 수레를 밀고 들어왔지만 대항할 힘조차 말라버린 듯 뜯겨 나가는 좌판을 움켜쥔 엄마를 쳐다보며 "아빠, 아빠"를 부르고 있었다. 모녀의 애처로운 울부짖음이 환청처럼 들리며 몇 날이나 잠을 못 들게 했다. 생계형 노점상을 구분하여 대책을 세우라는 위쪽의 말은 생색내기 공염불이었다. 구분할 기준도 분별할 여유도 없다는 걸 모두 알고 하는 일이었다. 쫓아내면 물러났다가 곧 다시 차지하겠지 하는 생각에 묻혀버렸다. 몰아내는 데만 열중하면 되는 다른 직원들과 달리 내 고민은 깊어 갔다. 축제를 만들어 보여야 한다는 밥벌이 사명감이 그 아이의 눈물을 덮었다.

  축제날이 오면 나는 동성로를 어정거린다. 첫 축제에 대한 애착이 걸음을 이끌기 때문이다. 당시로는 말조차 생소했던 거리축제라 어떻게 만들어야 할지 막막했다. 거리축제를 먼저 시작한 서울의 명동 축제, 부산의 광복동 축제의 현장을 찾아 자료도 모으고 관계자들에게 조언을 구하기도 했다. 지금은 이름도 없어진 달구벌 축제를 식상해 하던 때였다. 매년 같은 내용에다 두류운동장 개막식에는 억지춘양으로 끌려나온 관중이 많았다. 그러한 때에 축제가 동성로 거리의 사람들을 찾아왔으니 그 자체가 당시로는 생경한 충격이었다. 가을 축제가 몇 해 뒤에 봄 축제로 바뀌었다. 민선구청장이 들어선 후, 같은 시기의 달구벌 축제에 가리지 않은 본인의 얼굴을 내고 싶었으리라. 축제의 주관도 동성로상인회로 넘어갔다. 민간의 역량으로 축제가 빛날 것이라는 기대가 빗나가는 것 같았다. 해마다 되풀이하는 같은 내용에 갈수록 상업화 되었다. 올해도 물건 파는 이벤트로 온통 소란스럽다. 축제를 위한 상가 바겐세일인지, 바겐세일을 위한 축제인지에 대한 힐난의 소리가 씁쓸하다. 나이 열여덟이다. 축제의 향기를 내뿜을 때가 되었건만 상권 살리는 일에 더 관심을 두니 애초에 꿈꾸었던 축제는 언제 만들 수 있으려나 싶다.

  첫 축제 때의 풋풋하고 순수했던 아마추어리즘으로 축제를 꾸미는 일은 추억으로만 남겨 둘 일인가. 그때 머리 맞대고 신나게 일했던 대구YMCA사람들, 작품이 발길에 차일 것을 알면서도 거리미전에 선뜻 참여해주신 대구청년작가협의회 회원님들, 무료시음장에 음료와 빵을 그냥 내어준 공주당제과 사장님, 여러 이벤트에 스스로 참여하여 축제에 생기를 넣어준 대학 동아리 학생들, 귀한 물건들과 재료를 그냥 내어주신 많은 분들이 생각나고 보고 싶어진다. 바로 이런 것이 축제라며 후한 글줄을 달아준 신문 기사도 다시 대하고 싶다.

　오랫동안 눈에 거슬렸던 한전 배전 박스를 지하에 묻는 공사가 한창이다. 걱정 반 기대 반이다. 또 노점상을 몰아내는 아픈 일을 반복해야 할 것이고 동성로 얼굴을 새롭게 바꾸자는 말도 주술처럼 주절댈 것이다. 첫 축제 몇 년 뒤 노점상이 다시 거리를 차지하게 되었지만 풀빵을 팔던 그 엄마와 아이의 얼굴은 보이지 않았다. 그때 아이가 부르던 아빠는 이미 몇 달 전에 저세상에 갔다고 했다. 동성로 대모는 몇 년 뒤 무슨 일로 잡혀갔다는 소문이 돌았다. 오갈 데 없는 아이들 뒷바라지로 세파에 맞서느라 심성이 거칠어졌던 탓이리라. 가슴 한편은 따뜻한 여자였다.

　먹고살려 바동대는 작은 노점상을 몰아내고 큰 장사꾼 불러들인 일을 축제란 이름으로 하고 있었던 것인가? 첫 축제를 만들었다는 걸 훈장처럼 여겨왔는데 나 혼자 말 푸닥거리를 해온 것 같다. 그 아이는 이제 스무여덟은 되었겠다. 무얼 하고 있는지……. 축제를 제대로 만드는 것이 그 아이의 눈물을 닦는 일이 될 수 있을까. 봄 하늘이 갑갑하다.

2007. 5.

중국말 중국 처녀

앉고 보니 내 옆과 맞은편에 웬 젊은 처녀들일까 싶었다. 경로석을 기웃거리다 엉거주춤 서 있는 노인들의 눈치도 아랑곳없다. 휴대폰에 눈을 박고 웃어대며 흘리는 말이 다르다. 옆을 곁눈질하니 중국어다. 눈에 익은 몇 글자를 새겨보려 애쓰는데 깨알처럼 박힌 글에다 손가락을 튕겨대며 넘긴다. 다 알고서 그럴까 싶어 신통하기까지 하다.

만리장성 바다링八達嶺에 처음 올랐을 때다. 장성의 구간 중에도 경관이 으뜸이라 했다. 1990년대 초엽이었으니 지금처럼 붐비지는 않았다. 유장한 성곽에 내려앉은 햇살과 바람은 한 줄 목가의 시로 일렁였다. 때마침 시월 초의 건국절에 자금성과 천안문 광장에 밀려든 인파의 틈새에서 빠져나온 터라 더 시골을 찾은 듯했다. 성벽에 기댄 채 북쪽 몽골 쪽의 아스라한 곳을 바라볼 때였다. 산아래에서 울려오는 음악과도 같은 리듬에 귀가 쏠렸다. 관광 안내방송의 여자 목소리였다. 가을바람에 실린 소리의 울림은 성곽을 타고 흐르며 메아리처럼 내 가슴에 부딪혔다. 그 소리 가락은 내게 중국어를 더 깊게 각인시킨 일이 되었다. 노래처럼 따라 부르고 싶었으니까.

개혁개방의 바람으로 들뜬 대륙이었다. 마치 새마을운동이 시동을 걸던 때의 우리 같았다. 대구시와 두 해 전에 자매결연을 한 칭다오시에 도착한 것은 어둠이 내릴 때였다. 두 번째 방문지였다. 비행기 안엔 파리가 같이 날고 있었고 기내 서비스라는 개념도 없는 듯 칙칙했다. 자매도시에서 온 방문단에는 무척 마음을 쓴 모양새였다. 공항 출구에서 예의 붉은 글씨로 "热烈欢迎大邱市的访问团(대구시 방문단을 열렬히 환영합니다)"이라 쓴 큼직한 횡단막이 우리를 맞이했다. 붉은 꽃까지 흔들며 박수를 쳐대는 사람들은 시청 직원이라 했다. 성대한 만찬까지 대접받았다. 생각 못 한 일이라 일행 모두 벙벙해졌다. 체제가 다른 그 사람들의 인사법이라 이내 알아차리면서도 사또 행차라도 된 양 으슥해지기도 했다.

한국을 배우자는 것이 그 시절 공산당의 방침이라 했다. 그 말을 듣고서야 환대의 속내가 와닿았다. 우리는 뭔가 배우고 얻어내야 할 상대였다. 엉성하고 느릿하게도 보였지만 낯선 물건을 탐할 때의 눈빛이었다. 이튿날 아침 해변 산책길에서 마주친 한 처녀, 바다를 손짓하며 이쪽은 인천이고 저쪽은 제

주도라며 나에게 호기심 어린 눈짓을 했던 표정이 지워지지 않는다. 한국에 가고 싶다고 했다. 뭉칫돈 벌이를 생각하는 눈치였다.

중국과 국교를 튼 건 시대의 진운이었다. 세계화란 물결을 타고 잠자는 듯 엎드렸던 중국이 기지개를 틀고 있었다. 중국말에 끌렸다. 대구시의 공무원교육원에서 교육과정 담당을 맡고 있었던 때라 내 자리의 힘을 부려 중국어 과정을 만들었다. 뜻밖에 희망자가 많았다. 초급과 중급 과정을 연이어 이수하고는 내친김에 현지 연수란 이름으로 20여 명 수료생이 중국을 방문한 터였다.

만리장성에서, 칭다오 해변에서 내게 전달된 여자의 목소리 울림이 오래도록 귓전에 맴돌았다. 환영 만찬장에서 한마디씩 입을 연 어설픈 중국어에 밝아지던 칭다오 시청 사람들 표정에서도, 이어진 상하이와 항저우에서 만난 이들에게서도 꿈틀거리는 대륙의 말은 바다 밑 파도처럼 출렁댔다. 곳곳에 하품이라도 날 것 같은 사회주의의 한가함과 나태함 속에 묻힌 도광양회韜光養晦의 말 그것이었다.

처녀 혼자 거처하는 방에 불쑥 뒤따라 들어갔다. 무례한 일이었지만, 어떻게 해놓고 사는지도 궁금했다. 보호자라도 된 양 늘 그녀를 살펴야 했던 내 자릿값의 일이라 여겨 스스럼없이 대했다. 대구시에 파견된 칭다오시 여직원이었다. 국제교류담당이었던 내 업무 소관이었다. 장징張靜, 외자 이름에 늘

씬하고 활달했다. 여군으로도 복무했고 한국어도 의사소통에 어려움이 없을 정도였다. 한국의 행정을 배워 칭다오 발전에 기여하고 싶다고 했다. 결기가 매웠다.

그녀를 바로 옆에다 두고 일했으니 내 중국어 인연도 이어졌다. 여기저기 자리의 높낮음 없이 끙끙대는 남정네들의 접근 낌새가 도둑 같았으니 탈 날까 마음 졸이기도 했다. 그날은 우리 집으로 불러 저녁 시간을 같이하고 집까지 바래다준 터였다. 캄캄한 골목과 원룸의 계단이 걱정스러워 방까지 데려다주고 돌아서는데 어머니가 보고 싶다며 어린애처럼 울먹한 얼굴을 했다. 썰렁한 빈방을 대하면서 가족이 생각난 모양이었다. 일요일이라 더 그랬을 터이다. 지난 시절 내 얼굴이 떠올랐다. 외국에 홀로 살아본 적 있는 사람이 마주하는 아릿함이었다.

자금성 태화전太和殿의 편액 글자를 쳐다본다. 옛 명나라, 청나라 왕들이 위세를 떨친 정전이다. 한 안내원이 내려쓴 '太和殿' 옆 여백의 작은 낯선 글자를 가리키며 만주어라고 한다. 자기도 만주족이라 했다. 말과 글이 없어져 아쉽다는 표정을 지었고 그때 억울한 것 같은 목소리도 내었던 것 같다. 대구에 앞서 개최한 '2001 베이징 유니버시아드 대회'를 참관하러 온 우리 대표단에 붙은 한국어 자원봉사 여학생 중 한 명이었다. 얼굴 생김새도 한족과는 좀 다르지 않느냐며 웃기도 하며 함께 나온 조선족 여학생과 더 친하다는 걸 내세우듯 했다. 모두 베이징 언어문화대학에 다닌다고 했다. 여물기엔 턱없는 한국 말이었지만 같은 소수민족이라는 걸 내보이고 싶어 하는 눈치였다.

한족에 동화되어버린 만주족의 나라, 청나라의 흔적은 편액 귀퉁이의 작은 글자로 남아 있었다. 세종대왕의 한글 창제가 없었더라면 우린 어찌되었을지 역사의 굽잇길, 조선이란 땅의 진운에 옷깃을 여몄다. 한국 유학이 꿈인데 모두 사전 구하기가 어렵다고 해 몇 권 사 보냈다. 메일로 고맙다며 말을 전해오기도 했다. 그 만주족 학생의 이름은 잊었지만 우리 선대와 대적했던 몽골, 거란, 돌궐, 말갈, 여진 등의 자취를 꼽아보며 새삼스레 어느 후예였는지 피의 흐름이 자못 궁금해진다. 화사한 웃음이 여린 꽃 같았다.

지금 마주앉은 처녀들 얼굴 위로 옛 그 얼굴들이 겹쳐진다. 몇 정거장 전 대학 지하철역에서 탄 유학생들이라 했다. 경로석의 의미를 알 만도 하련만 뭉개듯 태연한 것도 불편하고, 쉼 없이 내뱉는 말도 거슬린다. 음악 같다고도 했던 나였는데 싫었다. 첫 중국 견문록에서 '이놈의 중국어 삼 년 뒤에 보자.' 했던 결기도, 나중에 만나면 중국어로 말 나누자며 칭다오 시청 처녀에게 했던 다짐도 지키지 못한 채 이따금 이렇게 중국 말을 대하며 상념에 잠긴다.

그 처녀들은 아직 한국을 동경하는 눈망울을 가지고 있으려는가. 날로 더 크게 눈을 부릅뜨며 입이 험해지는 중화인민공

화국, 그 말이 이제 음악이 아닌 비수의 번뜩임과 같으니 뒤엉킨 민심으로 어찌해야 할까. 한글이라는 검만으로 든든한 건가.

≪대구문학≫ 2017. 3/4월호

새재엔 비가 내리고
다시 불일암으로
어머니 이삿짐
나 몇 살이라 해야 하지?
풀빵 오찬
그래도 에는 땅이라니
허 생원의 웃음
효자라고, 내가?
숨어버린 별빛

새재엔 비가 내리고

 만산이 오색 춤을 춘다. 비바람에 떨어지는 낙엽의 군무는 휘모리장단이다. 발끝마다 뒹구는 잎을 밟기가 저리다. 가랑잎 쌓인 여울의 검붉은 뉘누리 소리, 그 위에 내리는 빗발의 처연함이 애간장을 태운다. 우산에 내려앉는 낙엽과 빗소리에 내 가슴엔 날개가 돋는다. 오늘 새재에서 흔들리며 춤을 춘다.
 가을이면 나는 아프다. 아침에 불쑥 이쪽으로 향했다. 새벽녘 닿는 가을 기운은 무당처럼 나를 홀리게 한다. 조락의 계절이 던진 주술이었다. 나서는데 빗줄기 세어졌다. 그만두자고 할 것 같은 아내가 되레 나서자고 다그친다. 비 오는 날이면 좋아라 했다. 멀리 가서 바람에 흩날려 보낼 말이라도 있는 양 들떴다.
 둘이서 두 잎 낙엽이 구르듯 걷는다. 비 그친 틈새로 덮여온

안개가 형언키 어려운 수묵화를 그려내며 몰려 오간다. 황톳길 굽이마다 발자국 자취로 질벅인다. 사람들은 빗속에서도 줄을 잇고, 풀어놓은 세상 이야기도 줄을 서 따라간다. 옛날 옛적부터 쌓여왔을 그 시절 사람의 자국들이 함성처럼 들리는 것 같다. 휘날리는 가랑잎 한 잎 귀밑을 스친다. 삶은 그렇게 스쳐 지나며 사라지는 거라고 한다.

조령원 터와 주막집을 지나치건만 쉬어가라 목소리 들릴 법한데 침묵이다. 힐긋힐긋 안을 보니 가랑비 소리만 쌓인다. 새재를 넘던 사람들이 묵어가던 곳이다. 고즈넉한 집 안에서 옛사람들의 주절거림이 들리는 것만 같다. 이런 비 오는 꼽꼽한 날이면 주모의 외로움은 더 사무칠 것이거늘. 너는 갓도 벙거지도 안 쓰고, 봇짐도 안 맨 행색이 여기 사람 아닌 듯하니 얼쩡대지 말고 그냥 비 맞고 가란다.

조선 태종 때에 개척한 관도官道라고 적고 있지만 그럴까. 사람 발길 닿지 않는 데 어디 있으랴. 길 주변에 파묻힌 사람의 흔적들이 훨씬 오래전임을 알린다. 어쩌면 아득히 아사달阿斯達의 사람 때부터 오르내렸던 길이 아니었을까. 더구나 옛 삼국이 각축했던 지리적 위치라 하지 않았는가. 고구려의, 백제의, 신라의, 고려의 말발굽이 소리를 내었으리라. 임진년 왜의 발굽마저 찍혔지 않는가.

오늘 까마득한 그 길을 걷는다. 남부여대해서 오르내렸던 그 숱한 걸음을 밟는다. 한 에움길 모퉁이에서 만난 서낭당

돌탑에 묻는다. 하 세월 쌓였는가. 우람한 돌무더기가 여기저기 하늘로 치솟았다. 예부터 길손의 소원을 받아 풀어준다는 영험한 곳이란다. 장원급제해 달라고, 아프지 않게 해 달라고, 돈 벌게 해 달라고, 아들 낳게 해 달라고 숱한 남정네와 여인들이 돌을 던지며 빌고 빌었으리라. 그 말들이 돌무지에 묻혀 오늘 추적추적 비를 맞는다. 날리는 가랑잎이 속절없이 위로 쌓인다. 나는 뭘 빌어야 하나. 던질 돌을 찾기 어려워 아내와 붉은 단풍잎 한 잎 주워 돌에 붙인다. 길 지나며 남긴 선비들의 글귀처럼 제대로 글 한번 쓰게 해달라고 할까 싶다.

　조곡관 넘어 옛 과거길 징검다리다. 여울물 소리에 발을 차마 떼지 못한다. 이건 물속에 혼령이 있어 부르는 소리다. 저 위쪽 발원지의 골짜기에서부터 스며든 풀잎과 나무뿌리의 소리요, 바위와 이끼의 소리요. 하늘과 별과 달이 내려앉은 소리다. 글을 새겨 안은 시비들이 선비인 양 물소릴 듣고 있다. 젖은 낙엽이 붙어 쌓인다. 새재길 처처에 글귀다.

　'宿鳥嶺村店(새재에서 묵다),' 시구 하나에 붙들린다. 서애 류성룡柳成龍 선생의 글이다.

　　　消消林風起　　살랑살랑 솔바람 불어오고
　　　泠泠溪響生　　졸졸졸 냇물 소리 들려오네
　　　幽懷正迢遞　　나그네 회포는 끝이 없는데

山月自分明	산 위에 뜬 달은 밝기도 해라
浮世身如寄	덧없는 세월에 맡긴 몸인데
殘年病轉嬰	늘그막 병치레 끊이질 않네
南來還北去	고향에 왔다가 서울로 가는 길
簪笏愧虛名	높은 벼슬 헛된 이름 부끄럽구나

    글귀로 미루어 짐작건대 임란이 끝난 무렵으로 보인다. 아픈 몸에다 나라 걱정에 어찌 회포가 없을 수 있으랴. 더구나 가토 기요마사加藤淸正가 짓밟았던 그 길을 걸어가는 심사가 어떠했으랴. 어찌 신립 장군은 요새인 새재에서 맞싸울 생각을 못 했던 것일까. 선생의 걸음마다 한이 배였으리라. 지나간 역사의 가정은 허망한 일이지만, 전사를 바꿀 일이었다고 말들을 한다.

    나는 뭔가. 후대가 또 역사의 가정을 세우며 눈물 흘릴 일을 저지른 세대가 되는 건 아닌지. 요즘 마음 갈피가 흔들린다. 불초가 흔들려 봤자지만 고함이라도 질러대고 싶은 일을 목도한다. 도망 다닌 그 임금의 시절처럼 만백성이 아파질까 나라의 행로에 조바심이 난다. 그래도 길은 이어질지니, 이리저리 제 갈 대로 가면 될 일 아니냐며 억지 뱃심을 낸다. 어디 못 살 일이야 있으랴. 새재의 길에 누운 삶이 그래 왔거늘. 나도 아내도 함께 걷지만, 끝내는 서로 어디로 가는지 모르는 걸음 아니던가.

  우수수 잎이 한 차례 다시 떨어진다. "문경 새재는 웬 고갠가/ 구부 구부가 눈물이 난다/ 아르 — 아르 — 아라리요…."/ 계곡을 울리던 가락이 귓가에 맴돈다. 질경이 같은 삶을 살아가며 이 길을 오르내리던 민초들의 애끓는 노래였다. 오늘 새재엔 비가 내리고 나는 내일 남쪽 산을 떠돌 참이다.

2018.10.

다시 불일암으로

 산은 온통 붉게 서걱거렸다. 그리던 그 후박나무도 몇 잎만 붙은 희끄무레한 몸체를 창공에 내맡기고 있었다. 산비탈 오름길 끝 대숲을 지나 모습을 드러낸 불일암이다. 그렇게도 걸음하고 싶었던 곳인데 내 가슴에 새겨진 모습과 맞추며 주춤댔다. 나뭇잎 구르는 뜰엔 나목의 그림자만 흔들릴 뿐 적막했다.
 어느새 다시 잎이 지며 바람이 마르다. 잠 깬 새벽, 창틀 너머 귀뚜라미 소리에 내 몸의 촉도 가을을 탄다. 아내도 다시 마주선 조락의 계절 앞에 서성이고 있었던 걸까. 불일암에 다시 가보고 싶다고 한다. 가까운 이쪽의 산야만 헤집고 다녔는데 지난해에야 마음 다잡고 찾아갔다. 낯선 곳엔 발이 먼저 머뭇댄 탓이었다. 내심 나도 올가을 갈 곳으로 또 꼽으며 그 일을 떠올리고 있던 터였다.

스무 남짓 되어 보이는 앳된 아가씨였다. 뚝뚝 흐르는 눈물에 얼룩진 얼굴이 오래도록 나를 붙들었다. 뜰에서 서성이던 모습이 언뜻 푸석하고 여위었다 싶었는데 그때 한 스님이 방문을 열고 나왔다. 섬돌 위의 신발 하나, 암자의 적막감을 더 깊게 하는 것만 같아 궁금해하던 차였다. 몇 안 되는 방문객에게 합장하며 웃는 얼굴이 해맑았다. 법정 스님의 뒤를 이어 암자를 지키는 분이려니 여겼다. 멈칫대던 그 아가씨가 스님 앞을 막듯이 다가서며 드릴 말이 있다고 했다. 갑작스러운 일이었다. 몇 걸음 발치라 무슨 이야기인지는 들리지 않았지만, 진지해지는 스님의 표정으로 짐작만 할 뿐이었다. 선 채로 한참이나 주고받은 말의 끝에 눈시울이 붉게 물들며 흐르는 눈물이었다.

스님은 산아래로 내려갔고 아가씨는 그 자리에 붙박이듯 서 있었다. 손등으로 눈시울을 훔치는 게 안쓰러웠다. 어린 나이의 처녀가 산중에서 스님을 만나 이렇게 눈물 흘릴 일이 뭔가 싶었다. 고개 숙인 해쓱한 얼굴이 애잔했다. 사연을 어찌 물어볼 일이던가. 우수수 떨어지는 낙엽이 뜰에 뒹굴며 쓸려갔다.

법정 스님 다비식 날 나는 팔공산 혜원정사 법당에 엎드렸다. 사진으로 담아 내려온 것이지만, 그날 산에 올라 만난, 잔설에서 피어난 샛노란 설연화雪蓮花 한 송이를 영전에 바쳤다. 흔히 복수초福壽草라 부르지만 '눈 속에 피는 연꽃'이라는 의미를 담은 꽃이다. 스님의 글줄이 내 삶에 내려친 회초리에 작은 보답의 정표를 내보이고 싶었다.

아내가 다시 불일암에 가보고 싶다고 한 뜻을 나는 안다. 이심전심의 내 마음이기도 했기 때문이다. 부처님이 내 말은 안 들어준다며 푸념하다가도 초하루가 되면 절을 찾는 아내는 나와는 또 다른 간절함이 있으리라. 사는 일이 어디 뜻대로 다 될까만, 그래도 기대에 어긋난 일로 인한 상심을 다스리기 힘들어한다.

지난해 스님의 터가 안온했다. 추녀 밑을 서성이며 나를 곧 추세워 주던 많은 글줄을 떠올렸다. 후박나무 밑동에 묻힌 스님의 유골 위로 구르는 낙엽에 존재의 의미를 묻고 물었다. 이 가을 다시 그쪽으로 고개를 돌린다. 스님의 자취에 또 이끌려서이겠지만, 부질없게도 엉킨 내 삶을 추슬러 주리라 여기는 세속적 바람도 얹힌다.

그 아가씨도 필시 스님의 책과 맺어진 인연 아니겠는가. 스님은 가시고 없지만 책의 글줄에 매달리고 싶었으리라. 애절한 눈물방울에 서린 사는 일의 고뇌가 뭐였는지 다시 궁금해진다. 일 년이 흘렀다. 뒤 광에 둔 불일암 그림을 다시 꺼내 본다. 지난해 다녀와서 낙엽에 싸인 그 묵상의 고요를 붙잡고 싶었다. 돋보이게 그렸던 그 나뭇등걸 빈 의자를 바라본다. 버리라 했거늘 버리지 못해 커지고 있는 나와 아내의 근심인가. 다 큰 자식의 일도 버려야 할 일이련만, 때로 불면의 밤을 겪는다.

이 가을 그 처녀가 다시 불일암에 오려나. 이번에 만나면 말이라도 건네고 싶다. 그리곤 대숲에 흩어지는 산바람 소리에 실려 있을 스님의 말을 찾아내고 싶다. 그래, 다시 불일암으로 가자.

2017. 10.

어머니 이삿짐

짐 내리는 소리가 철길 떠나는 객차처럼 울린다. 4층 베란다 창턱에 걸친 사다리차의 짐받이가 너덧 번 오르내리자 일은 끝이 났다. 큰 가구와 자질구레한 세간으로 나누어 두 대의 차에 실린다. 어쩐지 짐 모양새가 거칠고 엉성하다. 함께 탄 가족 없이 떠나는 짐차 위로 매미 소리만 턱없이 요란하다.

망연히 생각에 잠긴다. 수많은 여름이 물러가고 왔다. 아버지의 결기 하나로 대구로 이사 온 것은 1960년대가 끝나는 해의 늦봄이었다. 그때 나는 동생들과 대구에서 자취하며 대학에 다녔고, 할머니가 뒷바라지를 해주시곤 했다. 고향 떠나기가 어찌 쉬운 일이랴. 평생 직업이었던 교직도 던져버리고, 조상대대의 논밭마저 다 처분하면서까지. 친구가 하던 사업에 동업하는 모양새로 자리를 얻었다. 지금 생각하니 아버지로서는 인생 도박에 나선 일이었다.
 그땐 사람들이 도시로 몰려가기 시작하던 시기였다. 그래야 잘살 수 있다고 했다. 집안 어른들은 좋은 직장과 남부러울 것 없는, 적지 않은 토지를 버리고 왜 그러느냐고 했다. 자식들의 장래를 위해 잘되었다는 말도 분분했다고 한다. 이삿짐은 지산동 산기슭에 부려졌다. 그때는 벽촌이나 다름없는 대구의 오지였다. 양계업을 하는 한 축산회사의 사택이었다. 말이 사택이지 언덕배기에 블록으로 쌓아올린 허름한 집이었다.
 누대의 손때가 묻은 농사꾼 살림의 해체였다. 버렸다는 짐조차 들일 곳이 없어 또 버려야 했다. 고가구, 세간, 서책 하며 지금 셈하면 아쉬워할 만한 물건들이 그때 무심히 버려졌다. 사랑채의 배꼽마당조차 넓기만 했던 동네 한가운데의 큰 기와집에서 난데없는 곳으로 왔으니 잠이 왔겠는가. 어머니가 며칠 지나고는 속은 것 같다고 아버지에게 말을 했다고 한다. 나도 뭔가 심상치 않게 불안했다.
 대구농림학교를 나온 미련이었을까. 아버지는 나름대로 축산 사업에 뜻을 품었던 것 같았다. 뒷날 생각해보니 그랬다. 그러지 않고서야 전업을 그렇게 쉬 결심하셨을까 싶다. 그런데 이미 기울어진 회사였는지를 몰랐다. 퇴직금과 땅을 처분한 재산을 전부 투자한 뒤였으니 어쩌랴. 몇 년 죽을 고생을 하며 후회스러워하시던 모습이 지금도 선하다. 겨우 양계단지의 계사 한 동, 200수 정도의 닭이 남았다. 달걀 팔아 몇 년

힘겹게 살았다.
 척박했던 비탈을 벗어나 두 번째 이사를 했다. 내가 대구시의 공직을 시작한 다음 해(1974년) 초봄이었다. 신암동 옛 철길 터의 도로변에도 봄볕이 따사로웠다. 짐이랄 게 없었다. 양동댁(할머니의 택호) 큰아들 대구에 가서 다 망했다는 소문이 촌마을에 자자할 때였다. 다시 시작한 운동기구 제작 사업에 힘을 쏟았고 외국에 수출길이 트였다. 몇 년 뒤 공장 사옥을 다시 짓고, 집도 새로 지어 이사를 두 번 더 했다. 경주의 고향을 떠나올 때보다도 훨씬 큰살림이 되었다. 이번에는 성공했다고 부러워했다.
 나라 살린다며 사람들이 금붙이를 내놓던 그해(1997년), 다섯 번째 이곳으로 이사를 했다. 신천 변 풍광이 내다보였고 아파트 경내엔 자목련이 지고 있었다. 한 해 전에 아버지는 일을 접었다. 체력의 한계에다 사업 환경이 전만 같지 못했다. 이번에는 다시 많은 짐을 버렸다. 이십여 년 사업에 쌓인 짐 정리였다. 거추장스러움을 들고 난 후의 두 분은 아쉬움이 역력했지만 애써 편안한 모습을 지으려 했다.
 몇 해 후 어머니는 아버지를 폐렴으로 보내고 15년을 혼자 더 사셨다. 찾아뵙고 나올 땐 베란다 창가에서 내려다보며 손을 흔들곤 했다. 사람이 그리워서였다. 살다 맺힌 명을 어쩌지 못해 소식 뜸한 자식 하나 원망은 했지만, 홀로 살고 싶어 했다. 들를 때마다 나는 기껏 한 시간도 채 머물지 않았다. 그러면서도 어머니의 심사를 다 헤아리는 양 했다.
 여섯 번째 이삿짐을 마주하고 있다. 아버지의 짐도 이제야 같이 떠나보낸다. 짐 받을 사람이 없는 이사다. 호랑이 한 마리가 나를 뚫어지게 쏘아보며 짐차에 올라타 있다. 액운을 물리치는 효험이 있다며 거실에 걸어놓았던 그림이다. 저세상에서도 두 어른 살펴 달라고 말을 건넨다.
 담관염으로 대학병원에서 수술을 받았지만 고령이라 완치가 어렵다고 했다. 요양병원으로 옮겨 누웠다. 찾아뵈러 가는 일이 갈수록 괴로웠다. 바라만 볼 뿐이었다. 병실 문을 나서면 지푸라기처럼 텅 빈 육신으로 누운 채 손을 흔들었다. 나도 같이 흔들며 머뭇댔다. 어머니는 외로움과 고통의 알림이었고 나는 어찌해볼 수 없는 답답함과 연민의 알림이었다. 가족들 저마다 아프고 난감한 시간을 보냈다.
 두 번째 초록 잎이 무성해진 날, 의사가 보호자를 찾는다는 연락이 왔다. 염증 수치가 갑자기 높아졌다고 했다. 이번에는 중환자실로 옮겼다. 치료는 하지만 항생제 내성으로 고통만 심해진다는 말을 했다. 두 번이나 재발하여 고생했던 터였다. 살지도 죽지도 않는 치료라는 말이었다. 에둘러 하는 말의 풀이가 서로 복잡했다. 세상에 난감한 일이 많다지만 이보다 더 할 때가 있을까. 고통을 적게 해달라는 같은 말만 할 수밖에 없었다.
 산소 호흡기를 단 채 비몽사몽의 사흘이 지나고 있었다. 그날, 마지막이 된 붉은 해가 지고 늦은 저녁 더 가쁜 숨을 몰아 쉬시더니 잿불처럼 사그라져 갔다. 눈가엔 옅은 눈물이 비쳤고, 잡은 내 손에 한순간 더 힘을 주시더니 풀어졌다. 그렇게 이승의 끈을 놓으셨다. 애달픈 침묵이었다.

집 앞을 빠져나가는 짐차의 뒤를 멍하니 바라본다. 덜컹대는 차 옆구리에 폐기물 처리업체의 이름이 적혀있다. 밥그릇도 물그릇도 다 실려 가는 구십두 해 삶의 흔적, 여섯 번째 이삿짐의 행방이 허망하다. 어머니가 창가에 서 계시는 모습이 눈에 아른거린다. 두 분이 짐을 만들고 없애가며 주고받았을 숱한 말도 실려 갔다. 아버진 이제야 오는 당신과 어머니의 짐을 받을 수 있으려나. 두 어른과 만난 인연의 무게에 눈시울이 젖는다.

산다는 일이 무엇이려나. '버리고 떠나기.' 한 스님의 글귀를 떠올리며 받을 곳 없는 짐의 덧없음을 마주한다. 마음 곧추세우지만, 내 손엔 유품이라며 내내 갈무리하지도 못할 어머니의 공책 한 권 들려있다. 외로워서, 치매에 안 걸린다고 해서 쓰고 또 쓰고 한 한자 공부의 흔적이다. 버리지 못하는 인간의 굴레에 나도 속절없이 갇힐 모양인가. 어머님, 잘 가십시오. 두 분 극락왕생하십시오

2017. 8.

나 몇 살이라 해야 하지?

늦은 밤 공원은 텅 비어간다. 가랑잎 서걱대는 소리가 요요한 적막을 밀친다. 떨어지는 잎들이 뒹굴며 쓸려가는 걸 묵연히 바라본다. 낙엽 밟던 사람의 소리도 잦아지고 성글어진 가지 사이로 별빛이 아롱댄다. 이슥해진 모양으로 앉은 벤치도 서늘하다. 깊어가는 가을밤에 어이 쉬 잠을 자랴.

한차례 흔든 바람에 잎들이 와스스 날린다. 내 얼굴을 스치며 떨어져 내리는 잎들의 의미를 잰다. 떨어지는 건 잎뿐일까. 잎에 붙어 있던 시간도, 시간을 물고 있는 하늘도, 하늘에 박힌 무수한 별도 떨어져 내리는 것 아닌가. 저쪽 희미한 외등 빛무리 사이로 시간이 너울댄다.

떨어지는 우주정거장으로 소란 떨던 일이 떠오른다. 혹시 사는 아파트를 내리칠까, 길 걷는 내 머리 위로 떨어지지는 않을까 싶어 조금씩은 사위스러웠다. 그 불안의 정체는 뭐였을까. 하늘에 도전하는 인간의 솜씨에 대한 미심쩍음이었으리라. 밤마다 무수한 별똥별이 떨어지건만 불안해했던가. 때로는 우주 쇼라며 환호를 했다. 혜성이 지구와 충돌한다는 말이 있어도 설마 하거나 먼 미래의 일로 법한 일로 여긴다. 하늘의 질서에 오랜 세월 순응해온 믿음 때문이 아닐까.

떨어지는 한 잎 낙엽에 붙은 우주의 소리를 들을 재간이 없다. 인간이 하늘을 난다며 비행기를 만든 지 백 년 좀 지났다. 시로만 읊던 달에 발 디뎠고 태양을 도는 먼 행성까지 가보려 바동대지만, 광대무변의 우주에 견주면 덧없는 짓 같다. 그래도 인간이란 짐승은 덤벼든다.

138억 년 전 암흑의 허공에 대폭발이 있었다. 빅뱅이라 인간이 이름 붙인 우주의 탄생이다. 밤하늘을 쳐다본 신비로움을 도무지 알 수가 없었으니 그건 종교나 신화의 이야기가 되었다. 어느 종교에서는 6천 년 전에 신이 우주와 지구를 창조했다고 믿었다. 지구가 생각해 오던 것보다 훨씬 오래전에 생겼다는 사실을 깨닫기 시작한 것은 18세기에 들어서서였다. 적어도 수백만 년은 된다고 지질학자들이 입을 열었다. 금세기가 되어서야 빅뱅의 시간을 어림했다.

행성에 표류한 인간이 있었다. 영화 이야기다. 우주에 관한 이야기는 제목을 뭐라 하든 재미가 있다. 천신만고 끝에 지구에 돌아오지만 사람들은 자기를 알아보지 못한다. 갓난아기였던 손녀는 호호백발 할머니가 되어 있었다. 지구상의 시간과 우주의 시간 흐름이 다르기 때문이다. 우주선의 속도가 광속에 가까워지면 우주선 안의 시간은 느리게 흐른다고 한다. 그 안의 일 년이 지구에서는 몇십 년이 될 수도 있다니 말문이 닫힌다. 몇억 광년 거리의 별이란 곳은 빛의 속도로 그 몇억 년을 가야 도착할 수 있다는 곳이다. 불초 소생들에겐 불가해다. 빛이 흉내도 낼 수 없는 속도의 그 무엇이 있어야 우주여행이란 이름표를 붙일 수 있지 않겠는가.

친절한 천문학자 한 분이 우주의 역사 138억 년을 1년으로 환산한 달력을 내놓았다. 빅뱅을 1월 1일 자정으로 하고 현재를 12월 31일로 하였다. 5월에 은하계가 형성되고, 9월에 지구가 속한 태양계가 생겼다. 마지막 달 12월에야 지구의 지표가 굳어지며 형태를 갖추기 시작했다.

12월 14일 드디어 해면동물이 출현했고, 19일에 육상식물이 나타났다. 22일에 개구리 같은 양서류가 생겼고, 25일에 공룡이, 26일에 포유류가 등장했다. 27일엔 지표가 크게 흔들린 판게아 대륙이동이 일어났다. 28일에 꽃이 나타났고, 29일 공룡의 전성기였다. 30일 공룡이 멸종했고 바다 포유류가 땅에 진출했다.

드디어 12월의 마지막 날 31일이다. 10시 15분에 유인원과 원숭이가 분화되었고, 침팬지와 인간의 분화는 저녁인 20시 10분에 일어났다. 21시 25분에 인간의 직립보행이 시작되었고,

22시 30분에 두뇌가 커지며 지능이 발달하기 시작했다. 23시 52분, 자정을 8분 남겨두고 현생 인류의 형태로 진화했다. 23시 56분 현생인류 호모사피엔스가 발원지였던 아프리카 동부를 떠나 세계로 흩어진다.

드디어 초 단위 카운트다운이다. 23시 59분 6초에 마지막 빙하기가 있었고 36초에 인간이 농업을 하며 정착 생활을 시작했다. 51초에 메소포타미아, 이집트, 인도, 중국에 고대왕조가 출현했다. 단군 할아버지의 고조선도 이때였다. 54초에 석가모니가 탄생했고, 56초에 예수가 탄생했고, 59초에 콜럼버스가 신대륙을 발견했다. 24시, 찰나의 선상에서 인간은 이 땅의 영원한 패권을 쥔 양 거들먹거린다. 수많은 종을 멸망시켜 왔고, 끝도 없이 서로 살육하고 같이 웃기도 하며 4차 산업혁명이, 인공지능이 어떻고 하면서 복작댄다.

나는 2018년 11월 2일 이슥한 밤 공원 벤치에 앉아 하늘에 물음을 던지고 있다. 내 귀가 빠진 날이다. 까닭도 모르고 용케도 어머니 배를 밀치고 귀가 빠져나왔지만 내 소리도, 세상 소리도, 저 별의 소리도 알아듣기엔 턱없는 귀로 여태 살고 있다.

밤 고양이 한 마리 눈에 불을 켜고 서성대다 사라진다. 금요일, 주말이라 느긋하게 잔이라도 잡았는지 엉키는 걸음으로 한 남자가 건너편 길을 지난다. 두 아낙이 속삭거리며 내 앞을 지나간다. 모두 일주일의 시간표를 마감하고 집으로 가는 것이다. 인간은 기원전 2천 년 메소포타미아 사람들이 만든 7일 주기 요일에 맞추어 4천 년을 움직여 왔다. 하루는 24시간, 1시간은 60분, 1분은 60초, 바로 60진법이다. 그때의 천문 지식으로 행성을 7개로 파악하고 그에 맞추어 요일을 만들었다고 한다. 태양과 달을 포함해서다.

그때 태양계의 행성을 다 알 수 있었다면 어떻게 되었을까. 요일 수도, 시간 길이도 달라졌고, 인류는 다른 길을 걸었을지도 모를 일 아니던가. 우주에는 천억 개 이상의 은하가 있고, 지구가 속한 은하는 지름이 10만 광년이고 태양과 같은 항성이 약 천억 개가 있다고 한다. 대체 우주엔 별이 몇 개며 얼마나 큰 것인가. 우주의 시간을 여전히 메소포타미아 시절의 시간 잣대로 잰다는 것이 온당한 것인가.

한차례의 바람에 다시 나뭇잎이 우수수 떨어진다. 가을바람에 쓸리는 세상의 나뭇잎 숫자가 별만큼 되려나. 나는 지금 의자에 앉은 채 46억 년 나이의 지구를 타고 시속 1,670킬로로 팽이처럼 돌고 있고, 시속 107,320킬로의 속도로 태양을 돌며 우주 공간을 떠돌고 있다. 멀미 한번 하지 않고 말이다. 아득한 138억 년의 이쪽 끝 지점의 한순간에 선 같은 사람 아닌가. 아브라함도, 람세스도, 단군도, 탕왕도, 석가도, 예수도, 소크라테스도, 알렉산드로스도, 진시황도 이제 보니 그냥 형님뻘이다. 맞터놓고 지내자고 하면 눈 불쓸 텐가. 그들도 보았을, 수만 년, 수억 년 전에 출발했을 별빛과 말 주고받으며 떠다니는 나는 도대체 몇 살이라 해야 하나?

2018. 11.

풀빵 오찬

 단돈 천 원을 건네고 빵 다섯 개를 넣은 봉지를 받아 들었다. 아주머니의 머리카락은 비닐 칸막이 틈새로 칼끝처럼 치는 바람에 푸석하게 날렸고, 내 손바닥엔 따스한 온기가 스민다. 점심때가 지난 지라 출출했다. 집에까지 몇 걸음을 참지 못하고 한 입 넣었다가 뜨거운 팥소를 삭이느라 입을 오물거린다. 맛 덩어리가 추억 덩어리를 불러낸다.
 집 앞 한길의 횡단보도 옆엔 늘 작은 트럭 한 대는 서 있다. 여러 아파트 단지로 들어가는 길목이라 목 좋다는 곳이다. 사과나 감귤 같은 과일 행상이었는데 풀빵 장수는 이번 겨울 들어 마주하는 풍경이다. 사람들이 풀빵이라고 하지만 나는 국화빵이라 부른다. 집 나갈 땐 스쳐 지나고 마는데, 엷은 햇살마저 바람에 날리는 해거름 귀갓길엔 지나치려다가도 붙들린 듯

멈출 때가 있다. 파고드는 추위에도 웃어젖히는 수수한 얼굴은 그대로 억척 아줌마다. 다섯 개 아니면 많아야 열 개다. 한 번에 다 먹지도 못하지만, 식탁 위에다 올려두면 그리움 같은 것이 번진다. 밀려오는 한 움큼의 향수다.

중학교 때 시골에서 경주로 통학을 했다. 방과 후 열차 시간까지의 틈새에 시내를 어슬렁대기도 했는데, 흘러나오는 빵 냄새에 홀렸다. 황남빵이나 찐빵이란 놈도 떠오르지만 기억은 값이 아래였던 국화빵에 머문다. 내가 굳이 국화빵이라 부르는 것은 그때의 이름이 그러했고, 여태 매여 있는 오랜 애착 때문이다.

그 시절 어찌 그걸 사 먹을 형편이 되었겠는가. 공납금과 책값, 차비만 있으면 되었고 별도 용돈이란 건 개념조차 없었다. 차비란 것도 한 달치를 미리 구하여 지니고 다닌 '패스포트'라는 종이 증표였을 뿐 주머니엔 동전 한 잎 구르지 않았다. 그 빵 냄새는 여드름 덕지덕지 달고 다니던 학생을 절망시키는 마법의 냄새였다. 그런데도 용했다. 어슴푸레하지만 서너 번 친구들과 킬킬대며 빵을 먹었던 것 같다. 검푸른 팥소를 감싼 국화꽃 문양에서 피어나는 고소한 냄새의 기억 때문이라 여긴다. 내 빵값은 가슴 콩닥대며 아버지에게 참고서 값을 부풀려 받아낸 것이었다.

오늘 길목에서 받아 쥔 풀빵 한 봉지가 푸근하다. 명절이나 제사 때의 떡만 알았던 시절, '빵'이라는 이름으로 처음 만났던 맛이었다. 그때의 국화빵엔 내 빵 맛의 연원과도 같은 정감이 배어있다. 어림해도 오십 년은 훨씬 넘긴 맛이요 냄새다. 책의 글줄보다도 더 까까머리의 머릿속을 비집고 들어오던 빵이다. 그런데 언제부터인가 웬 '풀빵'이라는 이름으로 불리며 내 지난 세월의 한 토막을 아렴풋하게 하는지 서운하다. 풀빵, 다분히 하대하는 부름인가, 아니면 사는 데 서툰 이들의 친구 같은 부름인가?

 봉지에서 한 개씩 꺼내먹으면 식은 채로도 맛이 난다. 딸애는 아예 제 먹을 게 아닌 양 제쳐놓는다. 다른 것도 수북한데 하필 풀빵이냐고 한다. 그렇다, 갈수록 집에 붙박일 때가 많아지는 내 주전부리로 아내도 딸애도 무시로 빵이며 과자를 사들고 와 쟁여놓는다. 정말 맛나는 것들이다. 요즘 별의별 맛으로 사람들의 입을 차지한 먹거리가 얼마나 많은가. 어디 풀빵에 비할 바 있으랴. 그러나 식은 풀빵을 넘기며 가끔은 돌아가 보고도 싶은 그때 겨울의 바람과 햇살과 사람 냄새를 함께 넘기고 있는 것을 어찌 오늘 아들과 딸들이 헤아리겠는가.

 구워놓은 것이 없었다. 목 좋은 곳이라지만 시원찮은 모양이다. 열 개를 달라는 내 말을 듣고서야 굽기 시작한다. 앞에 붙어서서 지금껏 건성으로 대했던 굽는 일을 비로소 눈으로 본다. 차량 옆구리엔 '국화빵'이라 크게 써 붙인 빛바랜 천 조각이 풀빵 아니라며 시위하듯 너풀댄다. 원판의 빵틀에 파인 열두어 개의 구멍에 묽은 밀가루 반죽을 주전자로 부어 넣는다. 가장자리가 노릇해지자 팥소를 작은 숟가락으로 떠 넣는다. 손이 저울 수준으로 그 양이 어김없다. 갈고리 같은 쇠막대를 잡은 손이 바쁘다. 가장자리부터 익어 들어오면 재빨리 한순간에 뒤집기를 하여 구워주어야 하는데 그 시간이 맛을 좌우한단다. 뒤집기한 윗면에 갈색 국화꽃이 오롯이 피었다. 덜 구워도 너무 구워도 태깔이 잘 나오지 않는다니 손 솜씨이다. 그 손가락에 아주머니의 푸념에 섞여 있었던 성치 않은 남편과 둘 아이의 얼굴이 매달린 듯했다.

그렇게도 잔손질을 거친 빵의 마무리 행로가 허하다. 애쓴 보람도 없이 허름한 흰 종이봉투에 담아 쑥 내민다. 개체로의 존재감은 드러내 보지도 못하고 한 묶음으로 찬바람을 맞는다. 빵값은 앞 엉성한 골판지 상자에 넣으라고 한다. 반죽 물에 젖은 장갑 낀 손으로 돈 추스르기 어려워서인 것 같기도, 몇 푼 안 모인 상자를 들여다보기 싫어서 그런 것 같기도 했다. 열 장도 채 안 되는 천 원짜리가 끝물의 낙엽처럼 흩어져 있다.

그저껜 서녘에 걸린 초승달이 깨어질 듯 차가웠다. 그렇게 추운 날은 쉴 만도 하건만 여전했다. 종일 오도카니 사람 기다리는 강태공이었다. 군것질거리가 흔치 않았던 지난 시절엔 이처럼 빵틀을 차에 싣고 이곳저곳 기웃거릴 일도 없이 지금보다는 잘 팔렸으리라. 까까머리들의 빵 추렴에 서너 개는 더 얹어주기도 하던 골목길 옛 아주머니 얼굴이 어렴풋이 스친다. 함께 간 한 친구의 고모라는 건 뒤에야 알았다. 트럭에 올라앉은 이 아주머니는 유랑의 몸일 것임에도 당장은 어찌해볼 수가 없어 보인다. 새 벌이의 물때를 찾아 떠나고 싶다고도 했지만, 그 흔들림이 애틋하여 이따금 말 걸기를 해보곤 했다. 내미는 손이 갈수록 줄지만, 영 꺾이고 말 빵은 아니라는 헛갈릴 말도 하면서.

수없는 빵 맛이 넘쳐난다. 번듯한 제과점과 죽순처럼 돋아난 커피집의 온갖 맛들에 발길을 잡힌다. 이곳의 젊은이들은 풀빵에 정을 주는 지금의 나처럼 오십 년 뒤에도 정을 줄 빵이 있으려는가. 풀빵에 쌓인 내 세월이 끊어질까 조바심이 인다. 살면서 큰 이름 얻지도 못했고, 드러내 보일 일도 없는 내가 요즘 나를 뜯어본다. 끝내 무지렁이가 되어가는 지금에야 옳거니 하며 풀빵처럼 오래도록 군침 돋우는 사람으로 남겨졌으면 싶어진다.

언제나 하찮은 봉투에 담긴 채였을 뿐, 그릇에 점잖게 놓인 적이 없었을 터였다. 토마토 한 개를 구워 근사한 접시에 담고 달걀부침 한 개를 겹쳐 올린다. 그리고 풀빵 두 개를 그 시절에 이어보기라도 하듯 여백에 올려놓았다. 나 홀로 늦은 점심 한 끼의 품격을 한껏 올리는 주빈의 자태로 국화꽃 문양이 선연하다. 무던히 견뎌온 그 국화빵이었다.

《좋은수필》 2018, 2월호.

그래도 에는 땅이라니

 마을은 남서로 내리뻗은 산자락 사이에 들어앉았다. 자지태라고 했다. 소쿠리처럼 오목한 위쪽, '안꼴못'이 계곡물을 가두며 산은 높아진다. 벌어진 마을 입구는 논두렁을 낮추어가며 북에서 남으로 흐르는 '심곡천'을 만난다. 이 하천에 연한 좁은 들녘에 파묻혀 동네 사람들은 살았다.
 마을 앞산에 올랐다. 늙은 소나무들은 여전히 푸르건만 풍광이 생경하다. 소를 잘 매어두던 꾸부정했던 노송의 자리는 잡풀 더미다. 뒹굴던 잔디 비탈이 제법 넓었다던 기억을 밀어내고 손바닥만 하게 누웠다. 봉분도 납작해졌다. 둔덕의 우람했던 참나무 몇 그루도 낯선 모습으로 바람을 탄다. 잘린 지 오래지 않아 보이는 그루터기 하나 밟아본다. 우람했던 옛 나무의 생김새를 더듬어보지만 떠오르지 않는다. 빈 하늘만 올려다본다. 벌거숭이였던 산기슭 오름길은 전에 없었던 조릿대와 잡목으로 덮였다. 바로 산아래 옛집을 내려다보려 덤불을 헤치고 들어갔다. 한눈에 바라다보였던 동네가 아니었던가. 무수한 나뭇가지에 가려 조각난 풍경을 이어보려 걸음을 옮기고 고개를 돌려가며 애를 쓴다. 남향집 마루에서 바라보면 그 땐 내가 선 자리가 줄지은 노송 아래 훤히 보이는 곳이었다. 달밤엔 소나무 숲 위로 달빛이 쏟아져 내렸다. 바람 소리뿐 침묵이 흐른다.

그 집에 살던 내가 마당에서 날 쳐다보고 나는 내려다본다. 보리밭이 바람에 희끗희끗 춤을 추었다. 온 골목을 쏘다니던 아이다. 이른 새벽 감꽃 주우려 앞 개울가의 감나무 밑을 서성댄다. 배꼽마당에서 숨바꼭질도, 땅따먹기도, 딱지치기도, 구슬치기도 하며 또래들과 떠들어댄다. 하늘 까마득히 날아오른 종달새를 쳐다본다. 어느새 마당엔 설익은 풋감이 떨어지고, 뙤약볕에 매미 소리 자욱했다. 소꼴 먹이러 산에 오르고, 꼴망태 메고 들길을 걷는다. 그을린 몸엔 허물이 벗고 안골못에서 헤엄을 친다. 귀 속에 자주 농이 생겨 아까징끼 바른 솜만 틀어막아 견딘다. 붉은 감이 떨어졌다. 하늘은 깨어질 듯 푸르렀고, 마른 바람이 불었다. 논둑길 헤치며 메뚜기 잡고 찐쌀 씹어 넘기며 들길을 걷는다. 어른들 틈새 벼 베고 타작하는 일에 한몫 거든다. 가정실습이라고 했지. 이윽고 개울이 터지게 얼어붙었다. 칼 같은 바람에도 스케이트를 탄다. 손등이 터져 피가 나와도 아랑곳없다. 아 그러네, 새벽에 군불 지피시던 할머니도 보이네.

덤불에 날아든 새 소리가 잠시의 고요를 깨트렸다. 소먹이러 오르던 마을 뒷산 '넙덕말랭이'가 하늘을 이고 있다. '조갈련'이라 부르던 맞은편 산기슭도 보인다. 두 길이 만나 이어지는 꼬부랑길 끝에 '사랑메기' 고갯길이 있다. 거기엔 진달래며 온갖 꽃이 철따라 덮였다. 밤이 되면 그쪽에서 이따금 짐승의 푸른 불빛이 마을 뒷산까지 오르내렸다. 아롱대는 불빛이 무섭기도 했다. 사랑메기, 그 길엔 내 유년의 그리움과 두려움이 아로새겨져 있다. 비구름 몰아오던 높은 산고개였다.

그 아이가 산에서 살피지만 말고 내려오라고 했다. 얼마 만인가. 동네 골목에 들어선다. 내 살던 집 대문 앞이다. 앞 개울도 콘크리트로 덮여 흔적이 흐릿하다. 옛 토담도, 사립문도 간 곳 없다. 사랑채며 안채의 퇴락한 모습이 확 달려든다. 옛 그 집이 아닌 것만 같아 두리번거린다. 내려앉아 처진 기와지붕이 기력 없는 노인처럼 지쳐 보인다. 마루는 휘어지고 남루하다. 그래도 마을에서는 가장 훤칠한 큰 집이었는데 왜 그리 작게 보이는지 눈을 껌벅인다. 토담 옆에 우람했던 감나무는 담 높이에서 둥치가 싹둑 잘렸다. 그 그루터기에 새로 돋아난 몇 잔가지가 쇠잔한 생명의 여운을 잇는다.

마을의 앞쪽에 증조부 삼 형제가 가지런히 터 잡고 살았다. 큰집, 작은집의 허물어진 터를 보며 객지로 떠난 친척들을 떠올린다. 얼굴마저 가물거리게 된 지 오래다. 골목길을 돈다. 오른쪽으로 못에 오르는 길이 까마득히 가팔랐다고 생각되는데 밋밋한 비탈이다. 유년의 기억은 제법 먼 거리였다. 축지법 재주도 아닌데 몇 걸음으로 못 남쪽 기슭에 섰다. 겨울 가뭄에 다 드러난 바닥의 황량함을 애써 지우려 기억의 못물을 채운다. 아무래도 그때보다 작아 보인다. 물길을 가늠해보며 또래들과 자맥질하던 나를 떠올린다. 가장자리에 무성했던 부들이며 수초 덤불엔 개구리, 왕잠자리며 무수한 풀벌레도 함께 했었지.
　동네 가운데, 우리 집 채소밭 자리엔 경로당이 들어섰다. 옆 미나리꽝도 간데없다. 골목길에서 한참을 서성댄다. 옛일들이 가슴에 조각돌처럼 소리를 낸다. 십이월 말의 찬 날씨라 다니는 사람이 적다. 지나쳐 간 한 젊은이 무표정이다. 누구의 조카나, 손자라고 말해주는 이 있다면 반갑게 손잡을 수 있을 사이인지도 모른다. 옛집을 더 확인하려는 듯 걸음은 다시 사립문 자리에 선다. 배꼽마당에 서성대는 그 아이의 환영을 만난다.
　"할아버진 왜 그리 뚱한 얼굴을 해요? 제가 이 집의 저 작은 방에서 첫울음을 내었지요. 내 시작이 여기였어요. 이 집에 아롱진 유년은 아름다웠어요. 어머니와 떨어져 살아 때로는 외로울 때도 있었지만."

"집 안을 이렇게 들여다본 건 떠난 지 처음인 것 같아. 근 50년이나 되었구먼. 대문이 열려있어 다행이야. 오래전이지만 성묘 왔을 때 한두 번 앞을 지나친 적은 있었어. 많이도 쇠락했네. 뒤 대나무 숲은 여전하구나. 그 큰 감나무도 다 사라졌으니 허망해. 저 사랑채 툇마루에 한번 앉아보고 싶지만 아쉬워. 인기척 없으니 지금 사람이 없는 모양이야."
"왜 그렇게 오래도록 걸음을 안 했어요? 나도 보고 싶지 않았어요?"
"지척이 만 리라는 말이 있거든. 내 탯줄 끊은 곳이건만 찾아오는 게 이렇게 어렵다는 걸 미처 알지 못했어. 고향은 꿈속에서만 그리워해야 한다는 말을 알 것 같아. 찾아오면 고향은 부서져 버리거든. 오늘도 많이 부서졌어. 기억이 증발해버릴까 봐 겁이 나. 그걸 움켜잡아보려 안꼴새, 조갈련, 이붕굴, 맴마실, 넙덕말랭이 하며 산과 골짜기 이름을 가끔 주술처럼 중얼대기도 했어. 그래도 잊어버린 이름이 더 많아."
"수구초심이니 연어의 회귀니 하며 사람들은 고상한 말을 걸치면서도 그냥 입으로만 내뱉지 엉거주춤하잖아요."
"떠날 때 자주 찾을 수 있으리라 여겼지. 도시가 뭔지, 뿔뿔이 마을을 떠난 사람들 소문이 들려왔어. 네 또래도 다 떠났다고 했어. 갈수록 와 볼 마음이 안 생겼어. 네 할아버지 산소를 대구로 옮긴 뒤로는 더 그랬어. 올 일이 없어졌지. 그 집, 도시로 나가 잘 안 풀렸다는 소문도 뒷덜미를 잡았는지도 몰라.

끝내는 그렇지도 않았지만, 이래저래 사는 일이 바쁜 탓이었어."

"오늘은 어쩐 일로 나와 만났대요?"

"……."

그렇지. 어쩐 일로 왔을까? 또 한 해가 저물어가니 사는 몸살을 하는 건가. 마을 앞을 숨막히게 막아버린 새로 난 도로를 달리고 있었다. 들판으로 내달리던 내 유년의 추억을 갉아먹었다고 삿대질해대던 길이었다. 그런데 불쑥 갓길에 차를 세웠다. 지난여름, 병실 창가의 은행잎이 무성해지던 날 떠나신 어머니가 생각나 만나고, 몇 해 전 가신 숙부를 만나고 오는 길이었다. 밀린 숙제를 풀듯 걸음했다. 모두 고향에 가고 싶어 했으련만 마음만 내다 말았을 터라 애잔한 마음이 일었다. 부질없지만 함께 숟가락 부딪치던 그 시절을 문득 들여다보고 싶어졌고, 마을 옆 논둑길을 타고 들어왔다. 반길 이 없을 줄 알면서도.

회귀할 수 없는 강어귀에 나는 늘 걸려 있었다. 생을 얻은 곳으로 목숨 걸고 내달리는 연어가 부럽다. 망설임 없는 그 끝 행진이. 세상의 바다를 멋들어지게, 때론 힘겹게 유영하면서도 내 눈은 이따금 강어귀 쪽을 힐끔거렸다. 다시 자리할 수도 없고, 가 봐야 허망하다는 영리한 어림을 하면서도 강안쪽 산천엔 꽃 채색을 해왔다. 하지만 오늘 보았다. 그루터기 위쪽의 사라진 둥치 따라 이미 고향은 정녕 떠나고 없었다.

부서지고 있었다.
　그래도 가슴에 에는 땅이라니. 아이야, 너는 누구이고 나는 누구인가.
2017. 12.

허 생원의 웃음

산기슭을 한참이나 올랐다. 이효석李孝石 문학관 입구의 언덕 전망대, 봉평 들이 시야에 훤하다. 〈메밀꽃 필 무렵〉의 장면을 떠올리며 보물찾기라도 하는 양 풍경을 훑는다. 안내 팸플릿의 그림과 맞추어 보지만 내 머릿속에 새겨진 그림과는 사뭇 다르다. 한촌의 시골이었으련만 작은 도회 같은 얼굴이다. 일순 좋은 꿈을 꾸다 깨어버린 것 같은 서운함에 빠진다.

지금도 마을 둘레는 온통 메밀밭이다. 그 숨막히는 달빛 길을 떠올린다. 때를 못 맞추어 왔으니 흐드러진 메밀꽃과 그 달밤의 아쉬움은 생각만으로 달랜다. 허 생원과 동이와 조 선달이 걷고 건넜을 길과 내를 어림짐작해 본다. 멀리 봉평 장터와 충주댁의 주막도, 물레방앗간도 먼저 찾아가 보고 싶건만 나 혼자의 일정이 아니니 애가 탄다.

문학관의 조명 빛이 나를 과거로 데려간다. 이효석의 일대기 흑백 영상이 잊고 있었던 지난 시절, 궁핍했지만 소박했던 모습을 흔들어 깨운다. 진열대의 빛바랜 육필 원고 앞에 숙연해지고, 메밀꽃 필 무렵, 분녀紛女, 화분花粉, 돈豚, 수탉 하며 소설의 제목이 추억의 조각들로 다가온다. 책 앞에서 머뭇거린다. 학창 시절의 기억을 비집고 토담의 냄새 같은 향토색 서정이 물씬 풍겨온다. 농염한 에로티시즘에는 달아오른 사춘기의 몸을 가누느라 여드름만 쥐어뜯기도 했다. 웃음이 나온다. 온전히 뜻을 다 헤아릴 수 있었겠느냐만, 시험공부도 팽개치고 탐닉했던 기억이 새롭다.

영상의 틈새에 일본어로 쓴 원고가 스쳐 지난다. 그 시절 문인의 고뇌와 아픔이었다며 내레이터의 설명도 이어졌다. 생경하다 싶었지만 이내 그때는 식민의 시절이었다는 사실을 몰랐던 것처럼 새롭게 깨닫는다. 웬 일본어냐며 곱지 않은 말이 한 일행의 입에서 두드러지게 섞여 나온다. 폄하하는 투다. 어디 이효석뿐이랴. 그 시대의 상황이 그랬다. 가볍게 던지는 말의 감각적 경망스러움, 그런 것이 쌓여 사그라지지 않는 친일 논쟁의 빌미를 문인 스스로 키워 온 건 아닐는지.

한 개인의 문학적 태도가 시대 조류와 영 무관할 수 있을까? 그 식민의 시절 러시아 공산주의 혁명에 동조하는 문예사조가 풍미했다. 도도했던 세계적 흐름이었다. 이효석도 KAPF(조선프롤레타리아예술가동맹) 회원은 아니었지만, 처음엔 '동반자

작가'라 불리며 사회주의적 경향문학의 길을 걸었다. 후에 구인회 활동을 하며 순수문학으로 돌아섰다. 그때 이른바 프롤레타리아 이념을 따랐던 작가들의 계급문학, 경향문학에 대해서는 지금 누가 친소비에트, 친공산주의라 입을 여는가. 지난해 화가 '이중섭전展'에서였다. 일본인 아내와 주고받은 그 많은 애절한 편지와 그의 그림을 두고 누가 친일이라 입을 열었던가.

그러면 일본어로 글을 썼다 해서 대역죄라도 되는 듯 지금껏 문제시하는 담론은 어떻게 받아들여야 하나. 압제의 요구를 기어이 감당치 못했을 일이 아니었을까. 이른바 창씨개명까지 강요받았던 그 시절을 살아보았느냐고 내가 감히 물음을 던진다. 만약 그 글이 한국적 정서를 담아 인류 보편의 감성을 흔드는 절세의 작품이 되었다면 그건 우리 문학사에 과일까 공일까? 광복 70년을 넘기고도 친일인명사전의 말씨름이 아프고, 주술 같은 청산이란 말을 깃발처럼 내건다.

≪제국의 위안부≫가 읽힐 틈도 없는 문화적 토양이 독기를 뿌려놓은 것 같다. 크게 보아 한일관계를 분노의 눈이 아닌 냉철한 눈으로 논의할 필요가 있다는 주장이 요지였다. 나름의 울림이 있었다. 근데 그게 작가를 담론의 장이 아닌 법의 심판대에 서게 했다. 한 치 앞의 일만 생각하는 격한 정치의 말과 그 아류의 튀는 말 앞에 인문의 말은 무력하다. 땅껍질이 생기고 이 반도의 땅이 받은 누대의 트라우마인가. 왜 일본이

라 하면 스스로 한없이 작아지려 하는가. 결단코 이겨볼 수는 궁리치 않고 문 걸어 닫을 일만 찾는 것 같다. 고약했고, 찜찜했고, 앞으로도 그럴 테지만, 이 이웃집을 우리 모두 정녕 어쩌겠다는 것인가.

밖엔 오월의 신록이 속살댄다. 그의 문학비가 그런 일이 있었느냐는 듯 잔디밭을 지킨다. 서른여섯에 요절했다. 광복 수 해 전이었으니 지금의 담론을 어찌 알랴. 저세상에서 혹여 기별이라도 듣는다면 무슨 생각을 할까 싶다. 온전히 식민의 시대를 살다간 나와 내 문학의 고통을 너희가 어찌 알겠느냐. 입방정 떨지 말고 나만큼이라도 해보라 할 것 같다. 아쉬운 일이다. 더 오래 살았더라면 한국문학을 세상에 한층 우뚝 세울 수 있었을 일이 되지 않았을까.

메밀 맛 한번 보지 않고 여길 떠날 수 있으랴. 메밀묵에 한 잔 막걸리로 목을 축이며 식탁에 둘러앉았다. 문학기행의 이름으로 모인 일행이지만 낯선 이가 더 많다. 오늘, 펜을 쥐었던 선생의 손글씨의 고행 앞에 두 손 손가락 오물대는 내 글의 황망함을 다시 철이 든 것처럼 알아차린다. 여기 〈메밀꽃 필 무렵〉을 그려낼 만큼의 문학적 품을 넓히려 애쓰는 사람 있으려는가. 글 쓰는 일이 삶의 탐구라 할진대, 삶의 유희 정도로 여기며 계취 모임 하듯 쓸려 다니는 일 적어졌으면 싶다.

차창 밖은 온통 메밀밭이다. 어릴 적 내 문학의 꿈 한 부분을 살찌웠던 생각 속의 들녘이다. 왠지 편하고 좋다. 흘러간 시간을 걷어내고 머릿속에 아물대는 〈메밀꽃 필 무렵〉의 장면을 다시 짜 맞춘다. 그 개울 옆을 지난다. 홍정천이라 했다. 동이의 등에 업힌 허 생원의 얽은 얼굴이 차창 너머에서 웃는다. 질곡 같은 자갈길을 헤치고 나온 우리네 웃음 아닌가.

≪죽순문학≫, 2018.

효자라고, 내가?

 짙은 산그늘이 산아래와는 별천지다. 불단에 삼배 올리고 스님의 독경 소리를 들으며 한참이나 앉았다. 뜻을 알 리야 없지만 동하는 감이 있고 초성이 좋아 그랬다. 제의 절차가 끝났는지 스님이 돌아서 나가다 나를 힐끗 본다.
 "운동하러 오신 모양이지요?" 등산길에 들른 것으로 안 모양이다. 일요일이었다.
 "어머니 돌아가시고 첫 생신이라서 와봤습니다." 일어나 합장하면서 대답했다.
 "효잡니다." 물끄러미 보더니 던진 말이다.
 효자라……. 사전 속에서 나온 말을 듣는 것 같기도, 내가 왠지 해망쩍어지기도 한다. 부모님 위패 앞에서 절을 올린다. 파계사에 지극정성으로 다니시던 어머니였다. 생전의 원을 좇아 사십구재를 올리고 지장전에 위패를 봉안했다. 이때 먼저 떠나신 아버지도 함께 모셨다. 두 분의 유택은 만불산이다.
"돈 달라고 하지 말고 건강을 달라고 하세요." 절을 하고 일어선 내게 스님이 툭 던지듯 말을 건다. 자세히 보았다. 지난해 어머니 저세상 길 시다림尸陀林을 해주시고 법주스님으로 제를 집전했던 그 스님이다. 부모님 영가에 돈보다 건강을 달라고 하라는 말을 거푸하며 웃는다.
시원한 한 줄기 바람이 법당에 휘돈다. 산중 더위도 어지간한 듯 선풍기 서너 대가 바쁘다. 마침 나와 스님 둘뿐이다. 지난해 고맙다고 이야기를 꺼냈더니 그랬느냐며 반가워한다. 제를 올리러 와서는 재물로 다투는 사람들도 많다며 또 웃는다. 뜨끔했다. 내가 그렇게 보였던 건가. 그리될 일도 있었지만, 점잖아지려 애쓰며 잘 넘긴 걸 다행이라 여기고 있었다.
"스님, 요즘은 돈 달라 보채도 줄 부모도, 줄 돈도 없습니다. 하도 오래 사니 남겨줄 것도 없이 먹고살아야 하니까요. 그런데도 부모를 돈의 무게로 재려 하니 막막하지요." 소탈한 스님의 얼굴에 마음을 놓고 불쑥 한마디 해보았다. 같이 웃었다. 말을 잇는다. 세상이 각박해져서인지 절에도 중 구하기가 어렵고 시주하는 사람도 줄고 있다고 한다. 시중에 돌던 말을 스님 입으로 직접 듣는다. 중생이 돈 달라 할 부모도, 스님이 돈 달라 할 중생도 없어진다는 말이다.
위패 앞에 바쳤던 작은 두유 한 팩을 스님에게 드렸다. 목

마려운데 고맙다고 하며 받아 법당을 나간다. 더우면 선풍기를 더 틀라는 말도 했다. 위패 앞에 다시 앉았다. 어머님 생전을 회상하며 절을 하면서도 나는 아내의 건강을 함께 원을 했다. 건강을 달라고 한 스님 말에 맞춘 셈이다.

두유는 생전에 밥처럼 늘 옆에 둔 두 분의 마실 거리였다. 아침에도 나서는 내게 아내는 위패 앞에 놓으라며 챙겨주었다. 돈은커녕 작은 물건 하나 먼저 달라는 소리 해볼 줄 몰랐다. 잘사는 집이라고 해 시집왔는데 시아버지 허풍에 속았다는 말을 마음 상하면 가끔 내게 했다. 나잇살 값하는지 올봄부터 비실비실 병원을 들락거리며 괴로워한다. "둘째 며느리 평생 달라 소리 안 했으니, 이제 건강 하나는 주이소." 스님 말에 덧칠해 중얼댄다.

절 앞뜰로 나선다. 수령 이백 년의 우람한 느티나무 숲 그늘에 붙들려 너럭바위에 걸터앉는다. 바람결 따라 매미가 장단을 맞추며 울어댄다. 효라……. 바람 소리에 묻히려는 말을 다시 떠올린다. 스님의 효란 말은 뭐에 기준을 둔 것인가. 갑자기 화두가 되어 맴돈다.

조선의 세상을 휘감았던 그 말, 책 속의 말이 이미 말이 되지 않음을 스님이 더 알고 있을 것 아닌가. 용케도 어머니의 생신날을 기억해내어 절을 찾은 내가 마음에 들고, 보는 앞에서 만 원 한 장 시주함에 넣은 내가 고맙기도 해 한 말이라면 안심이 된다. 그걸 효라고 한다면 되레 민망스럽다. 나처럼 돌아가신 부모의 첫 생일날이 마음 쓰이는 그런 세대에게 그렇다. 개를 자식처럼 삼느라 야단인 세상에 살아있는 부모의 생일날도 모르고 지나는 그런 세태가 될까 에둘러 걱정하는 말인가도 싶다.

모두 오래 살게 된 탓이 아닌가. 사람이 사람을 잘 안 낳고, 안 죽으려 기를 쓰고 사니 그렇다. 건강을 달라고 하라는 스님이 아무래도 잘못 말한 것 같다. 돈도 달라 하지 말고, 건강도 오래는 달라 하지 말고, 이전처럼 아이 많이 낳고, 적당히 가게 해달라고 하라는 말을 괜히 내게 덕담으로 건네 본 것 같다.

그래야 맺힌 일이 많아지고, 절간 문턱에 저마다 원을 세워 찾는 사람이 늘고, 시줏돈이 불어나는 일이 될 것인데 말이다. 효자라고? 더불어 살 일엔 무딘 채 오래 살기로 작정한 것처럼 설쳐대는 나도 이미 들을 품격이 안 되는 말 같아서다.

2018. 7.

숨어버린 별빛

어둠이 깔리기 시작했다. 거름더미 옆 모깃불의 메케한 연기가 바람을 타며 마당을 채운다. 저녁상이 물러난 평상 위로 반딧불이가 은하수 사이로 깜박이며 사라졌다간 또 나타난다. 등목이 성에 차지 않아 동구 밖 냇가로 가는 논두렁길에도 반딧불이가 보일 듯 말 듯 너울댔다. 시냇물에 드러누웠다. 발가벗은 내 몸 위에 별이 쏟아져 내렸다.

    은하수를 들락거리는 반딧불이를 쳐다보며 잠들기도 했던 평상 위로 이상하게 어느 날 반딧불이가 보이지 않았다. 누우면 얼굴에 맞닿을 것 같았던 별들도 사라져 갔다. 모깃불만 여전히 밤마다 붉은빛을 희미하게 내었다. 시냇가로 가던 길에서 몇 번이나 넘어졌다. 옆집 친구가 잡아준 막대기에 이끌려 더듬거리며 겨우 집에 왔다. 오래 밤길에 나서지 못했다.

뒤 각단 여자아이들도 모여 노는 냇가에 못 가는 것이 더 서운했다.

밤눈이 어두워진 거라고 했다. 더럭 겁이 났다. 나쁜 짓을 하면 안 된다는 선생님의 말씀이 생각났다. 또래들과 어울려 아랫마을 사과밭에 몰래 들어갔고, 참외밭에도 기어들어 갔다. 호박꽃 속에 반딧불이를 가두고 놀다 패대기쳐 버리곤 했다. 빛을 가두어 버렸기 때문일까,라는 생각도 들었다. 나만 왜 그럴까도 싶었다. 갑자기 밤길을 헤매니 할머니는 또 점쟁이를 부르고 야단을 떨었다. 할아버지는 소의 생간을 먹으면 낫는다며 장날을 기다려 사오셨다. 역한 냄새가 싫었다. 억지로 삼켰지만 이내 다 뱉어내었다. 엉덩짝을 수차례 얻어맞고서야 겨우 몇 조각 넘기기도 했다.

물안경 밖으로 물살이 은하수처럼 흐른다. 푸른 바닥에 빛이 일렁인다. 반딧불이의 빛도, 별빛도 아니었다. 지도교사의 호각 소리가 내 유년의 검은 여름밤의 잔영을 깨트린다. 시각장애인 복지관의 수영장, 높다란 천정에서 쏟아지는 형광등 불빛이 물속으로 흩어진 빛살이었다.

물을 헤치느라 거칠어진 호흡 소리가 다가온다. 발을 동동거리며 물을 제쳐보지만 제자리서 맴돈다. 삐뚤거리다 내 손을 잡고서야 다시 방향을 잡는다. 유년에 시작되었다는 스물일곱 김 군의 어두운 낮과 밤은 꼼짝없이 이어진다. 물을 제치려 휘두르는 팔에서 힘이 넘친다. 내 손을 내밀치며 혼자 해보겠다더니 이내 옆으로 쏠린다. 병을 얻기 전에 시골에서 자랐다는 김 군도 여름밤의 반딧불과 무수히 떨어져 내리던 별빛을 생각하고 있는 걸까.

금색으로 코팅한 김 군의 물안경에서 빛이 번뜩인다. 그 안쪽의 어둠을 몰아내는 빛이었으면 싶었다. 물속에서 더 생기가 돌고 개구쟁이처럼 재미있어 한다. 모태에서 흔들리며 유영하던 꿈을 기억하고 있기 때문일까. 샤워장에서 몸을 씻기며 김 군의 남자를 스치다가 장가가야겠다고 하니 키득거리며 또래 여자아이 이름을 대며 좋아한다. 교실에서는 여자애들에게 부끄럼을 많이 탔다.

김 군은 무슨 잘못된 일을 했을까? 노래를 서너 번 듣기만 하면 곧바로 피아노로 곡을 칠 수 있고, 몇십 년 후의 몇 월 며칠이 무슨 요일이라는 걸 단번에 알아맞히는 재주가 자랑이었다. 이게 벌을 받을 짓이었던 건 분명 아닐 텐데 어둠은 왜 걷히지 않을까? 전생이란 게 정말 있어 거기서 뭔가 연이 생겼던 것일까. 그걸 누가 알랴?

시간을 좀 보내보려 여기에 왔을 때 한자와 간단한 외국어 인사말 공부를 맡아달라고 했다. 아예 볼 수 없거나 온전하게 볼 수 없는 시각장애 청소년들이었다. 김 군처럼 지체장애의 멍에도 같이 짊어진 청년도 더러 보였다. 어둔한 몸으로 점자조차 다 익히지 못하는데, 천자문 몇 자와 영어 인사말 몇 마디 배우는 게 무슨 의미가 있을까 싶었다. 어디에 쓰려고? 그러나 그건 내 조바심이었고 실없는 연민이었다. 얼굴이 밝았다. 싫어하는 티가 없었다. 극성스럽다고 할 만큼 따라 쓰고, 소리치는 그 자체가 스스로 살아 있음을 확인하는 일이었다.
  나의 어두운 밤은 그해 겨울을 넘기며 밝아지기 시작했다. 점쟁이의 원력이었는지, 소의 생간 덕이었는지 다시 보이기 시작한 별들이 참 신기하고 반가웠다. 갑자기 유년의 어두웠던 밤들이 그때 끝난 것이 아니었다는 생각이 들었다. 이들의 눈에 쌓여 있는 어둠의 두께를 가늠도 할 수 없는 어두운 눈을 내가 가지고 있으니 말이다. 김 군의 〈사랑으로〉 피아노곡에 맞춘 합창 소리가 교실에 울려 넘친다. 일을 저질러 사회봉사 나온 두 젊은 아가씨가 아이들 간식을 챙겨주면서 눈시울을 붉힌다.
  전화가 걸려왔다. 일주일에 하루 더 자원봉사를 해줄 수 없느냐는 수영교사였다. 아득해진다. 평생을 어둠에서 시간을 보내야 하는 청년에게 나의 시간 보내기의 의미가 무엇일까? 깊은 물음을 던지고 있었던 터였다. 김 군에게 숨어버린 별빛을 볼 수 없는 내가 할 수 있는 것은 물속에서 장난을 쳐주는 것밖엔 없는데.

                              ≪대구수필과비평≫ 2012. 12.

■ 작가 연보

경북 경주 출생. 경주중·고등학교 졸업
대구시 공무원 재직(1973. 5 ~ 2008. 5)
1992 공무원 교육원 교육운영담당 사무관
1995 일본 히로시마 파견(총무처 주관 지방공기업 연구)
1996 경제국 국제협력과 국제교류담당 사무관
2000 기획관리실 기획담당 사무관
2002 대구하계 유니버시아드대회 조직위원회 기획총무부장 (서기관)
2005 경제국 경제정책과장
2007 대구시의회 건설환경 전문위원
2008. 5. 대구시 명예퇴직(부이사관)
2008. 6. 대구도시철도공사 전무이사
2011. 5. 대구도시철도공사 전무이사 퇴임
2012. 7 《수필과비평》 등단
2013. 5. 제7회 경상남도 환경미술대전 입선
2014 연금수필문학상 수상
2014. 12. 단체 미전 '늦바람展' (대구미술광장)
2015. 3. 수필집 《거꾸로 도는 건 누구일까?》 출간
2015. 8. 단체 미전 '늦바람展' (대구미술광장)
2016. 7. 제10회 경상남도 환경미술대전 특선

2015~2016 수필문예회 회장
2016. 9. 단체 미전 '늦바람展'(대구미술광장)
2019~2020 대구수필과비평작가회의 회장
2018~2020 대구문인협회 수필분과위원장
2018~2020 '구미시 올해의 책' 독후감 전국공모전 심사위원
2018. 12 수필집 《밥그릇 춤》(대구문화재단 문예진흥기금 수혜) 출간
2019 신곡문학상 수상
2022. 2 수필선집 《나 몇 살이라 해야 하지?》 발간

현대수필가 100인선 Ⅱ·61
하재열 수필선

나 몇 살이라 해야 하지?

초판인쇄 | 2022년 2월 10일
초판발행 | 2022년 2월 25일

지은이 | 하 재 열
펴낸이 | 서 정 환
펴낸곳 | 수필과비평사 · 좋은수필사

주　소 | 서울시 종로구 삼일대로 32길 36.
　　　　(익선동 30-6)운현신화타워 305호
전　화 | 02)3675-5635, 063)275-4000
등　록 | 제300-2013-133호
홈페이지 | http://www.shinapub.com
e-mail | essay321@hanmail.net

값 10,000원

ISBN 979-11-5933-390-3　　04810
ISBN 979-11-85796-15-4　　(전 100권)

* 저자와 협의하여 인지는 생략합니다.
* 잘못된 책은 바꿔 드립니다.